WENN NICHT ICH, WER DANN?

Erstmals auf Englisch unter dem Titel
So Here I Am veröffentlicht 2019
von White Lion Publishing, einem
Imprint von The Quarto Group

Text © 2019 Anna Russell
Illustrationen © 2019 Camila Pinheiro
Design © 2019 The Quarto Group, Isabel Eeles
www.QuartoKnows.com

© 2019 für die deutschsprachige Ausgabe
Sieveking Verlag, München
www.sieveking-verlag.de

Übersetzung: *Tracey Evans und Reinhold Unger* S. 1–13, S. 20–21, S. 24–27, S. 40–41, S. 52–55, S. 58–59, S. 72–73, S. 76–79, S. 86–91, S. 100–103, S. 110–111, S. 116–123, S. 128–135, S. 140–143, S. 148–149, S. 164–176 *Silke Kleemann* S. 74–75, S. 92–93, S. 96–99, S. 104–105, S. 126–127 *Elke Link* S. 14–15, S. 22–23, S. 28–31, S. 44–47, S. 56–57, S. 60–61, S. 68–71, S. 84–85, S. 136–139 *Kristin Lohmann* S. 16–19, S. 36–39, S. 62-63, S. 80–83, S. 106–109, S. 158–163 *Andrea O´Brien* S. 42–43, S. 64–67, S. 112–115, S. 150–153 *Viola Siegemund* S. 32–35, S. 48–51, S. 94–95, S. 144–147, S. 154–157
Lektorat: Ulrike Herzog, Baiersdorf
Coverabbildungen: Camila Pinheiro (Vorderseite von links nach rechts: Michelle Obama, Emmeline Pankhurst, Malala Yousafzai)
Typografie und Satz: Sieveking Verlag, München

ISBN 978-3-944874-87-6

Printed in China

WENN NICHT ICH, WER DANN?

GROSSE REDEN GROSSER FRAUEN

Anna Russell

ILLUSTRIERT VON
Camila Pinheiro

AUS DEM ENGLISCHEN ÜBERSETZT VON
Tracey J. Evans, Silke Kleemann,
Elke Link, Kristin Lohmann, Andrea O'Brien,
Viola Siegemund, Reinhold Unger

SIEVEKING
VERLAG

Inhalt

Einleitung	**6**
Elizabeth I., Über die Spanische Armada, 1588	**12**
Fanny Wright, Über das freie Forschen als ein Mittel, angemessenes Wissen zu erlangen, 1829	**14**
Maria Stewart, Abschiedsrede, 1833	**16**
Angelina Grimké, Rede wider die Sklaverei, 1838	**20**
Sojourner Truth, Bin ich denn keine Frau?, 1851	**22**
Victoria Woodhull, Die Prinzipien der sozialen Freiheit, 1871	**24**
Sarah Winnemucca, Rede vor dem Committee on Indian Affairs, 1884	**28**
Elizabeth Cady Stanton, The Solitude of Self, 1892	**32**
Mary Church Terrell, Was es bedeutet, als Mensch mit dunkler Hautfarbe in der Hauptstadt der Vereinigten Staaten zu leben, 1906	**36**
Ida B. Wells, Dieses schreckliche Schlachten, 1909	**40**
Countess Markiewicz, Frauen, Ideale und die Nation, 1909	**42**
Marie Curie, Nobelpreisrede: Radium und die neuen Konzepte in der Chemie, 1911	**44**
Emmeline Pankhurst, Freiheit oder Tod, 1913	**48**
Nellie McClung, Sollen Männer wählen dürfen?, 1914	**52**
Jutta Bojsen-Møller, Sieg für das Stimmrecht, 1915	**56**
Emma Goldman, Plädoyer vor der Jury, 1917	**58**
Nancy Astor, Jungfernrede im Parlament, 1920	**60**
Margaret Sanger, Über die Moral der Geburtenkontrolle, 1921	**62**
Virginia Woolf, Berufe für Frauen, 1931	**64**
Huda Sha'arawi, Rede auf der Arab Feminist Conference, 1944	**68**
Funmilayo Ransome-Kuti, Ein Gespräch über Frauen, ca. 1949	**72**
Eva Perón, Rede an die *Descamisados*, 1951	**74**
Helen Keller, Das Leben und Vermächtnis von Louis Braille, 1952	**76**
Eleanor Roosevelt, Die Vereinten Nationen als Brücke, 1954	**78**
Shirley Chisholm, Gleiche Rechte für Frauen, 1969	**80**
Ruth Bader Ginsburg, Stellungnahme im Fall *Frontiero gegen Richardson*, 1973	**84**
Sylvia Rivera, Seid besser mal leise, 1973	**86**
Simone Veil, Rede im Parlament zum Abtreibungsgesetz, 1974	**88**
Indira Gandhi, Wahre Befreiung der Frauen, 1980	**92**
Margaret Thatcher, Die Dame lässt sich nicht verbiegen, 1981	**94**
Ursula K. Le Guin, Eine Abschlussrede mit linker Hand, 1983	**96**

Dieses Icon im Buch führt Sie zu einer Internetseite, auf der Sie die jeweilige Rede in der Gesamtfassung lesen können.

Barbara McClintock, Nobelpreisrede, 1983	**100**
Corazon C. Aquino, Rede bei der gemeinsamen Sitzung des US-Kongresses, 1986	**102**
Naomi Wolf, Der Platz einer Frau, 1992	**104**
Severn Cullis-Suzuki, Rede vor der Konferenz der Vereinten Nationen über Umwelt und Entwicklung, 1992	**106**
Wilma Mankiller, Rede bei der Abschlussfeier der Northern Arizona University, 1992	**110**
Toni Morrison, Rede anlässlich der Verleihung des Literaturnobelpreises, 1993	**112**
Hillary Clinton, Ausführungen vor der Vierten Weltfrauenkonferenz der Vereinten Nationen, 1995	**116**
Wangari Maathai, Nobelpreisrede, 2004	**118**
J. K. Rowling, Rede vor Harvard-Absolvent*innen, 2008	**120**
Angela Merkel, Rede vor dem US-Kongress, 2009	**124**
Sheryl Sandberg, Abschlussrede am Barnard College, 2011	**126**
Ellen Johnson Sirleaf, Nobelpreisrede, 2011	**128**
Asmaa Mahfouz, Der Video-Blog, der half, die ägyptische Revolution zu entfachen, 2011	**132**
Manal al-Sharif, Die Fahrt zur Freiheit, 2012	**134**
Julia Gillard, Rede gegen die Frauenfeindlichkeit, 2012	**136**
Malala Yousafzai, Nobelpreisrede, 2014	**140**
Emma Watson, Zum Start der HeForShe-Kampagne, 2014	**144**
Jane Goodall, Sich um die Erde kümmern – Gründe zur Hoffnung, 2016	**148**
Michelle Obama, Rede vor dem Parteitag der Demokraten, 2016	**150**
Gloria Steinem, Rede beim Women's March, 2017	**154**
Beatrice Fihn, Rede anlässlich der Verleihung des Friedensnobelpreises, 2017	**158**
Alicia Garza, Ode an schwarze Frauen, 2017	**160**
Maya Lin, Rede bei der SVA-Abschlussfeier, 2018	**164**
Mehr inspirierende Frauen	**168**
Lesen Sie alles!	**173**
Quellenangaben	**174**
Danksagungen	**176**

Einleitung

»Fällt Ihnen eine Rede von einer Frau ein?«

Diese Frage stellte ich Freund*innen und Kolleg*innen, Familienmitgliedern, ehemaligen Lehrer*innen und gelegentlich auch ahnungslosen Fremden, als ich mit der Recherche zu diesem Buch begann.

»Fällt Ihnen eine Rede von einer Frau ein?« Ich verpackte die Frage heiter, als gehöre sie zu einem Quiz oder einem Spiel, mit dem man sich auf einer langen Autofahrt die Zeit vertreibt. Es war kein Test und auch keine Fangfrage; ich kannte die Antwort selbst nicht. Oft tauchten nach einigem Grübeln die Namen von ein paar Frauen auf; langsam, wie Silberstücke, die man auf dem Meeresgrund freilegt. Wir stürzten uns auf sie. Zunächst hatten wir nicht mehr als ein paar flüchtige Bruchstücke; wie Satzfetzen einer Unterhaltung, die man durch eine verschlossene Tür belauscht. »Hatte Sojourner Truth da nicht etwas gesagt?«, fragten wir uns unsicher. »Was war es noch mal, das Virginia Woolf so gewandt in Worte gefasst hatte?« Und »Wer war noch gleich die ehrenwerte Dame im Spitzenhäubchen, die in Seneca Falls diese Erklärung vorgetragen hatte?«

Viele wichtige Zeitdokumente zur Geschichte der Frau fehlen uns: Plakate und Petitionen, Flugblätter, private Briefe und geheime Tagebücher; Kunstwerke, Kritiken und Literatur, die seit Jahrhunderten keine Signatur tragen oder von anderen vereinnahmt wurden; zudem unzählige hingekritzelte Listen, die an zu erledigende Hausarbeiten, an Arzttermine, den Kauf von Lebensmitteln und Familienfeste erinnern sollten. Da kann es nicht sonderlich überraschen, dass Reden von Frauen schwer aufzustöbern sind. Was passiert mit den Worten, die wir ausgesprochen haben? Werden sie notiert und dann in Artikeln und Büchern verewigt? Bleiben sie jemandem im Gedächtnis, der oder dem sie in stillen Momenten wieder in den Sinn kommen? Oder purzeln diese Worte aus unserem Mund und schlagen Kapriolen, bis sie im Nichts verschwunden sind?

Anfangs war ich besorgt, dass wir nicht genug Reden von Frauen finden würden, um die Seiten eines Buches zu füllen. An einem Wochenende im Mai ging ich in die Brooklyn Public Library und suchte das Regal ab, in dem die Anthologien mit Reden standen. Sie trugen so ernste und

Mut machende Titel wie *The Penguin Book of Modern Speeches*, *The Penguin Book of Historic Speeches*, *American Speeches* oder *Give Me Liberty*. Eine wahre Fundgrube, dachte ich. Aber in der größten Sammlung, *The World's Great Speeches: 292 Speeches from Pericles to Nelson Mandela* (vierte erweiterte Auflage), fand ich fast genauso viele Reden von Männern über Frauen wie Reden von Frauen. Von 292 Reden wurden gerade einmal elf von Frauen gehalten.

In ihrer großartigen Geschichte des Feminismus, *The Feminist Promise: 1792 to the Present* (2010), schreibt Christine Stansell über die Folgen der »historischen Amnesie« für die Frauenbewegung und über die Neigung des Feminismus, »zwanghaft alte Fehler, alte Dispute, alte Zwickmühlen zu wiederholen«. Manchmal denke ich bei mir, dass jede Generation von Frauen dieselben Probleme wie schon ihre Mütter, Großmütter und sogar ihre Urgroßmütter anpackt. Immer dann, wenn sie feststellt, dass die Welt nicht so ist, wie sie diese gerne hätte. Oft wendet sich die junge Generation gegen die ältere und wirft ihr wutschnaubend vor, nicht mehr getan zu haben – ohne zu wissen und zu verstehen, mit welchen Einschränkungen die Frauen vor ihnen zu kämpfen hatten, die zu ihrer Zeit vielleicht sogar als radikal galten. Wie kann es sein, dass wir nach all dem Nachdenken, all dem Stress und all der Forschungsarbeit noch immer nicht wissen, was es in dieser Welt bedeutet, eine Frau zu sein?

Von der Bücherei spazierte ich zum Brooklyn Museum. Dort bildet Judy Chicagos raumfüllende Installation *The Dinner Party* von 1979 das Herzstück des Elizabeth A. Sackler Center of Feminist Art: Sie besteht aus einer gewaltigen Festtafel in Form eines Dreiecks; aufwendig gedeckt für 39 berühmte Frauen aus Geschichte und Mythologie. Virginia Woolf ist da, ebenso Georgia O'Keeffe, Sacajawea, Sappho und Elizabeth I. Unter dem Tisch bilden Kacheln mit den Namen von fast 1 000 weiteren Frauen den *Heritage Floor*. Einige sind uns vertraut, andere unbekannt: Alice Paul, Carlota Matienzo, Florence Nightingale, Katharina die Große, Klara von Assisi, Hipparchia, Maria Luisa Sanchez, Rose Mooney, Teresa Villarreal. Wir stellen uns Geschichte meist nicht räumlich vor, aber Chicagos Werk macht deutlich, wie schwierig es ist, einen Kanon zu definieren – zu entscheiden, wer einen Platz am Tisch bekommt.

Einleitung   7

In den 1970er-Jahren steckte die Frauenforschung noch in den Kinderschuhen. Chicago und ihre Mitstreiter*innen stellten ihre Liste von Frauen mithilfe zufälliger Quellen, antiquarischer Bücher und Bibliothekskataloge zusammen und indem sie sich gegenseitig befragten: So entstand ein großes Netzwerk intelligenter, gleichgesinnter Frauen (und einiger Männer). Sie saßen wortwörtlich an einem Tisch. Als ich die Installation mit meinen Eltern zum ersten Mal sah – mehr als zwei Jahrzehnte später als neugierige Schülerin in der Middle School –, schienen die zu Tisch geladenen Frauen eine naheliegende Wahl; vielleicht sogar zu naheliegend, bedenkt man ihren unumstrittenen Ruf. Andererseits ist der Raum, den man Frauen an einem Tisch oder in einer Ausstellung oder in einer Anthologie gewährt, wohl nie ganz unumstritten.

Dass Geschichten über das Leben und die Möglichkeiten von Frauen von einer Generation zur nächsten weitergegeben werden, ist nichts Neues. Wahrscheinlich haben Frauen das schon immer getan, ganz privat und unter sich, in Form von Klatsch und Tratsch, im Flüsterton oder auch in anonym veröffentlichten Werken. Zur Zeit der Französischen Revolution begannen Frauen, sich als Autorinnen mit ihrer politischen Wirkungskraft auseinanderzusetzen. Dies waren kraftvolle, einsichtige Traktate über das Los der Frauen in der Welt; und unverblümt, was notwendige Änderungen anging. Doch sie wurden geschrieben, nicht gesprochen. Vorträge und Debatten in der Öffentlichkeit? Das war in den meisten Kulturen fast ausschließlich Männern vorbehalten. Erst zu Beginn des 19. Jahrhunderts begannen Frauen, vor allem in den USA und in Großbritannien, öffentlich über ihre Situation zu sprechen.

Das war ein revolutionärer Akt; man bewarf sie mit Eiern und zögerte nicht, ihren Ruf zu ruinieren. Als die in Schottland geborene Sklavereigegnerin Fanny Wright 1829 auf Vortragsreise durch die USA ging und vor Männern und Frauen über so harmlose Themen wie die Bedeutung von Bildung sprach, begegnete man ihr mit Verachtung und beschimpfte sie als Prostituierte und »rote Dirne der Untreue«.

Viele der frühen Reden in dieser Sammlung stammen von Abolitionistinnen in den USA, die durch ihr Eintreten gegen die Sklaverei bald auch ihre eigene Position als Bürger*innen zweiter Klasse hinterfragten. Die Afroamerikanerin Maria Stewart sprach bereits 1832 mutig über das Potenzial von Frauen. Angelina und Sarah Grimké, Töchter eines Plantagenbesitzers aus den Südstaaten, schockierten ihre Familie, als sie gegen die Sklaverei auf Vortragsreise gingen. 1838 hielt Angelina eine flammende Rede in der Pennsylvania Hall, während ein wütender Mob die Türen einschlug. Später brannte er das Gebäude nieder.

Dieses Buch war ein Gemeinschaftsprojekt. Ohne das fantastische Lektorenteam, das unermüdlich Stiftungen, Nachlassverwalter*innen, Literaturagent*innen und Archivar*innen anschrieb, um die Rechte für jede einzelne Rede zu sichern, ohne Camila Pinheiro, die sie in meisterhaften Illustrationen zum Leben erweckte, und ohne Helene Remiszewskas unentbehrlichen Faktencheck wäre dieses Buch nicht entstanden. Als ich mich in die Recherche stürzte, begriff ich, dass meine Angst, die Seiten nicht füllen zu können, vollkommen unbegründet war. Ich sandte einen Aufruf an Historiker*innen, Journalist*innen, Professor*innen für Frauenstudien und noch mehr Freund*innen. Schon bald strömten ihre Vorschläge bei mir ein. Oft waren es bestimmte Reden, manchmal aber auch nur die Namen von Frauen, die Pionierarbeit geleistet hatten. Ein Name führte unweigerlich zu einem anderen. Bald waren alle Dämme gebrochen, und wir hatten mehr Reden beisammen, als wir bewältigen konnten. Und was für Juwelen! Da war Victoria Woodhull, die sich 1871 in einer beeindruckend modernen Rede zu den Prinzipien der freien Liebe bekannte (»Ja, ich bin eine Freie Liebende.«). Da war die kanadische Suffragette Nellie McClung, die 1914 mit beißendem Spott ein »Pseudoparlament« tagen ließ, in dem Frauen verhandelten, ob Männer das Wahlrecht erhalten sollten. Da war Simone Veil, die 1974 vor fast ausschließlich männlichen Zuhörern wortgewandt und einfühlsam für das Recht auf Abtreibung in Frankreich eintrat. Mutig schilderte Manal al-Sharif 2012 einem Publikum in Oslo, wie sie gegen das Fahrverbot für Frauen in Saudi-Arabien

Einleitung

verstieß und so eine Bewegung ins Leben rief (wodurch sie ihren Job und ihre Heimat verlor). Elizabeth Cady Stanton, die amerikanische Suffragette, die bei der Seneca Falls Convention in New York die »Declaration of Sentiments« verlas, fragte in ihrer Rede »The Solitude of Self« 1892 herrlich pointiert: »(...) wie soll, wie kann man es wagen, auf die Rechte, die Pflichten, die Verbindlichkeiten einer anderen Menschenseele Anspruch zu erheben?«

Dieser Band reicht vom frühen 19. Jahrhundert (mit Ausnahme der Rede über die Spanische Armada, die Elizabeth I. vor ihren Truppen bei Tilbury hielt und wie ein weit entfernter Schlachtruf klingt) und trägt uns bis in die Gegenwart. Öffentliche Reden sind oft ein probates Mittel von Aktivist*innen. Folglich sind die Reden in diesem Buch Fenster, die uns einen Einblick in breit gefächerte gesellschaftliche und politische Diskurse gewähren: vom Wahlrecht zu Bürgerrechten, von LGBT-Gleichstellung zu proaktiver Umweltpolitik. Elegant streifen sie die Künste: Toni Morrison brilliert in ihrer Nobelpreisrede über die Erzählkunst, die sie in eine scheinbar schlichte Parabel über eine alte Frau und einen Vogel verpackt. Maya Lin fragt Kunstabsolvent*innen: »Wie wird man eure Werke in 100 Jahren betrachten und empfinden?« J. K. Rowling – in jeder Hinsicht das Gegenteil einer Versagerin – preist die Vorzüge des Scheiterns: »Scheitern lehrte mich Dinge über mich selbst, die ich sonst nicht erfahren hätte.« Sie sind mal witzig, mal wortgewandt, persönlich, kompromisslos oder furios. Oft stellen sie anderen Frauen die ewige und unbequeme Frage: Wie sollte eine Frau sein?

Wie alle Anthologien ist auch diese unvollständig – und in keinster Weise maßgeblich. Die meisten Reden erscheinen hier in Auszügen, aber sie sind alle auch in voller Länge lesenswert. Ich hoffe, dass die Leser*innen diese Reden und Illustrationen als Sprungbrett begreifen – ein Sprungbrett zu weiteren Entdeckungen.

Eine Anmerkung noch: Die Frauen in dieser Sammlung sind keine Heldinnen und keine Heilige, sosehr wir uns das vielleicht auch wünschen.

Sie sind oder waren echte Menschen – oft Politikerinnen, die Kompromisse schlossen, Fehler machten und schwierige Entscheidungen trafen. Manchmal stieß ich auf verstörende Widersprüche: das gespannte Verhältnis einiger früher Suffragetten zu Rassenfragen oder Margaret Sangers problematische Ansichten zu Geburtenkontrolle und Eugenik. Auch Staatschefinnen wie Indira Gandhi oder Margaret Thatcher haben ein kompliziertes Erbe hinterlassen. Und doch haben alle Reden, die wir hier zusammengetragen haben, bewegt und inspiriert. Sie fangen einen ganz bestimmten Moment ein und machen seine Enttäuschungen und Erwartungen für spätere Generationen greifbar. Es sind Reden, die Revolutionen entfachten: ob öffentliche – wie Massendemonstrationen und gewaltsame Auseinandersetzungen – oder stille, die in Köpfen stattfanden. Es sind Reden, an die man sich erinnern sollte.

Außerdem beziehen sie sich aufeinander. Liest man viele brillante Reden auf einmal, ist es ungeheuer faszinierend, die roten Fäden zu entdecken. Als die britische Schauspielerin Emma Watson 2014 vor den Vereinten Nationen über ein Ende der Geschlechterungleichheit sprach, bezog sie sich auf Hillary Clintons Ansprache von 1995 in Peking und deren berühmte Worte: »Frauenrechte sind Menschenrechte.« Clinton hatte erläutert, wie lange die Frauen in den USA ausharren mussten, bis sie das Stimmrecht erkämpften – eine Bewegung, die vermutlich offiziell entstand, als Elizabeth Cady Stanton 1848 die »Declaration of Sentiments« verlas. Alicia Garza, eine Mitbegründerin von *Black Lives Matter,* würdigt Sojourner Truth und Ida B. Wells in ihrer »Ode an schwarze Frauen«. 1992 führt die Schriftstellerin Naomi Wolf Virginia Woolfs Rede »Berufe für Frauen« von 1931 an, in der sie vor den Gefahren der Selbstzensur warnte. Viele der Frauen in dieser Sammlung lernten voneinander, und wir können wiederum von ihnen lernen.

Einleitung

Elizabeth I.
Königin von England
(1558–1603)

1558 bestieg Elizabeth I. im Alter von 25 Jahren den englischen Thron und regierte 44 Jahre lang. Der Ehe gegenüber misstrauisch, lehnte sie eine ganze Reihe von Heiratsanträgen ab. Schon bald feierte man sie als die »Virgin Queen«. Der Beiname spielte auf ihren Ruf an, unbestechlich, unbesiegbar und bedingungslos treu zu sein – England gegenüber. Sie war ihrer katholischen Halbschwester Mary I. auf den Thron gefolgt. Elizabeth war deshalb auf der Hut vor einem Aufstand der Katholiken, der ihre Macht hätte gefährden können. 1588 entsandte Philipp II. von Spanien seine Spanische Armada gegen England: eine Kriegsflotte unter Befehl des Herzogs von Parma. Englands Truppen versammelten sich bei Tilbury in Essex. Viele Historiker glauben, dass Elizabeth die Soldaten hoch zu Pferd aufsuchte (manche sagen, sie trug einen silbernen Brustharnisch über einem fließenden weißen Gewand – möglicherweise als Anspielung auf Edmund Spensers Versepos *The Faerie Queene*).

Elizabeths Rede zielte darauf ab, aus den Soldaten eine feste Einheit zu machen und sie auf die Schlacht einzuschwören, gleichzeitig war sie aber auch eine Erklärung ihrer Macht. Als weibliche Herrscherin in einem von Männern dominierten Machtbereich nutzt Elizabeth die Sprache des Krieges, um ihre Truppen hinter sich zu scharen und ihre Herrschaft von Gottes Gnaden zu untermauern. Sie sei hierhergekommen, sagt sie ihren Zuhörern, nicht zum »Vergnügen und zur Zerstreuung«, sondern um »mit euch zu leben oder mit euch zu sterben«. Gezielt lenkt sie die Aufmerksamkeit auf ihren Körper (»nur den Leib eines schwachen und kraftlosen Weibes«), um ihn abzuheben von ihrem männlicheren Geist (»das Herz und das Rückgrat eines Königs«). Sie demonstriert gleichzeitig ihre Bereitschaft, sich selbst zu opfern, und macht ihre unanfechtbare Machtposition geltend: Ich will »selbst zu den Waffen greifen«, erklärt sie, »ich selbst will euch befehlen, über euch richten und eure Ehrenhaftigkeit im Feld belohnen.«

Über die Spanische Armada
(1588)

» Mein liebendes Volk,

Wir wurden von manchen, die sich um Unsere Sicherheit sorgen, gewarnt, Vorsicht walten zu lassen, wenn Wir uns in die Menge Bewaffneter begeben; aus Furcht vor Verrat. Aber ich versichere euch, dass ich nicht im Misstrauen gegen mein treu ergebenes und liebendes Volk leben will. Lasset die Tyrannen sich fürchten. Ich habe es stets so gehalten, dass ich vor Gott meine größte Stärke und meinen Schutz den treuen Herzen und dem guten Willen meiner Untertanen anvertraut habe. Und deshalb bin ich, wie ihr seht, heute nicht zu meinem Vergnügen und zur Zerstreuung vor euch getreten, sondern fest entschlossen, im Tumult der Schlacht mit euch zu leben oder mit euch zu sterben; um für meinen Gott und für mein Königreich und mein Volk meine Ehre und mein Blut zu geben, und sei es, im Staub zu enden. Ich weiß, ich habe nur den Leib eines schwachen und kraftlosen Weibes, aber ich habe das Herz und das Rückgrat eines Königs, dazu noch das eines Königs von England, und verspüre nur die tiefste Verachtung für Parma oder Spanien oder sonst einen Fürsten Europas, der es wagen sollte, über die Grenzen meines Reiches zu marschieren: Ehe durch mich Unehre erwachse, will ich selbst zu den Waffen greifen, ich selbst will euch befehlen, über euch richten und eure Ehrenhaftigkeit im Feld belohnen. Ich weiß bereits, dass ihr für eure Kühnheit Lohn und Ehren verdient; und Wir geben euch Unser königliches Wort, dass sie euch zuteilwerden sollen. Bis dahin tritt mein Generalleutnant an meine Stelle, einen edleren und würdigeren Untertanen hat zuvor kein Fürst befehligt. Ich zweifle nicht, dass uns durch euren Gehorsam gegenüber meinem General, durch eure Eintracht im Lager und eure Tapferkeit im Feld schon bald ein ruhmreicher Sieg über die Feinde meines Gottes, meines Königreiches und meines Volkes zuteil sein wird.

 wennnichtichwerdann.de/01

Fanny Wright
Sozialreformerin

Die in Schottland geborene Sklavereigegnerin Frances Wright (besser bekannt als Fanny Wright) begab sich 1829 auf eine Vortragsreise durch die Vereinigten Staaten. In ihren außergewöhnlich breit gefächerten und tief greifenden Reden sprach sie über Sklaverei, Kinderrechte, Frauenrechte und geistige Freiheit. Allerdings blieb Wright weniger wegen ihrer Inhalte in Erinnerung als wegen der Tatsache, dass sie vor einem gemischten Publikum aus Männern und Frauen sprach – damals als »promiscuous audience« bezeichnet. Belohnt wurde sie dafür nicht. Kritiker bezeichneten sie als Prostituierte und »rote Dirne der Untreue«, die aus der Welt »ein grenzenloses Bordell« machen wolle.

Doch Wright stand nicht alleine da. Sie war eng mit dem Marquis de Lafayette befreundet, dem General, der in der Amerikanischen und der Französischen Revolution eine Schlüsselrolle spielte. Außerdem korrespondierte sie mit Thomas Jefferson, einem der Gründerväter der Vereinigten Staaten. In einer Vortragsreihe mit dem Titel »On the Nature of Knowledge and Kindred Inquiries« (»Über die Natur des Wissens und ähnliche Untersuchungen«) erläuterte sie ihren ungewöhnlichen Standpunkt. Der Zustand der Frauen in einer Gesellschaft spiegle die Gesundheit dieser Gesellschaft als Ganzes wider, behauptete sie. Sie argumentierte weiter, dass die Ideale der Vereinigten Staaten – in ihren Augen Freiheit und Gleichheit – auch die Bildung für alle mit einschlössen. »Ich bin zu dem Schluss gekommen, dass Erkenntnisgewinn und die gleichmäßige Verteilung von Wissen die besten, um nicht zu sagen die einzigen Mittel sind, den Zustand der Menschheit zu verbessern.«

Über das freie Forschen als ein Mittel, angemessenes Wissen zu erlangen (1829)

» So ungewöhnlich es auch klingen mag, ich wage folgende Behauptung: Bevor Frauen nicht den Platz in der Gesellschaft einnehmen, den ihnen Vernunft und Empfinden gleichermaßen zuschreiben, kann der Fortschritt der Menschheit nur langsam vorangehen. Es bringt nichts, die Macht einer Hälfte der Menschheit einzuschränken, noch dazu der Hälfte, die bei Weitem die wichtigste und einflussreichste ist. (…) Der Entwicklungsstand der Frauen ist die Skala, die über den Zustand der ganzen Menschheit entscheidet. (…)

Es existiert die geschmacklose Überzeugung, dass eine unwissende Frau von größerem Nutzen sei, weil dies ihre Unterjochung begünstige. Das gleiche Argument wird in Aristokratien von dem mächtigen Dutzend gegen die unterworfene Masse verwendet, in Demokratien von den Reichen gegen die Armen, in allen Ländern von den Gebildeten gegen das einfache Volk. (…) Sicherlich muss das Wesen des Wissens völlig missverstanden worden sein, um es so in Verruf zu bringen. Welche Gefahr birgt die Wahrheit? Welche Gefahr bergen Fakten? In Irrtum und Unwissenheit lauern tatsächlich Gefahren. Sie füllen unsere Vorstellung mit Schreckensbildern. Sie setzen uns ungeschützt äußeren Umständen aus. Sie nehmen uns die Fähigkeit, unsere Pflichten als Mitglieder der menschlichen Familie zu erfüllen, als fühlende Wesen Glück zu empfinden, uns als denkende Wesen weiterzuentwickeln. Lasst uns aus diesem Irrglauben aufwachen. Lasst uns begreifen, was Erkenntnis ist. Lasst uns klar erkennen, dass die Erkenntnis alle gleich behandelt, dass Wahrheit und Tatsachen für die gesamte Menschheit dieselben sind, dass es keine Wahrheiten für die Reichen und Wahrheiten für die Armen gibt, Wahrheiten für Männer und Wahrheiten für Frauen; es gibt einfach nur *Wahrheiten*, und damit *Tatsachen*, die alle erfassen können, die Augen und Ohren und ihren Verstand öffnen.

Maria Stewart
Journalistin und Sklavereigegnerin

Im Laufe ihrer außergewöhnlichen Karriere war die afroamerikanische Sklavereigegnerin Maria Stewart gleich mehrfach eine Vorreiterin. Sie gilt nicht nur weithin als erste Amerikanerin, die vor einem Publikum aus sowohl Männern wie Frauen (sowie Schwarzen und Weißen) sprach, sondern auch als eine der Ersten, die öffentlich die Rolle der Frau in der Gesellschaft thematisierte. Jahrzehnte vor Beginn des Amerikanischen Bürgerkriegs und lange vor der Einführung des Begriffs Intersektionalität – er steht für die Verschränkung verschiedener, Ungleichheit und gegebenenfalls Diskriminierung generierender Kategorien wie Alter, Hautfarbe, Geschlecht – war Stewart eine der Ersten, die öffentlich über ihre Erfahrungen als afroamerikanische Frau sprach.

In Maria Stewarts Kindheit und Jugend hätte wohl niemand vermutet, dass sie einmal eine öffentliche Person werden würde. Sie verwaiste früh und leistete ab dem Alter von fünf Jahren Zwangsarbeit. Obwohl sie so gut wie keine Schulbildung genoss, interessierte sie sich brennend für Menschenrechte und soziale Reformen. 1831 begegnete die junge Witwe dem Sklavereigegner William Lloyd Garrison, der eines ihrer Essays zum Thema Rasse und Religion in seiner Zeitschrift *The Liberator* publizierte und Stewart damit zu wachsender Bekanntheit verhalf. Daraufhin hielt sie in Boston vier viel beachtete Vorträge gegen die Sklaverei, zog sich 1833 jedoch aus dem öffentlichen Leben zurück, nachdem sie sich immer heftigerer Kritik ausgesetzt sah. Fortan war sie als Lehrerin tätig. In ihrer Abschiedsrede nannte Stewart eine ganze Reihe starker historischer Frauenfiguren, auf deren Biografien sie in dem alten Geschichtsbuch *Sketches of the Fair Sex* (etwa »Skizzen des schönen Geschlechts«) gestoßen war. Maria Stewart war tiefgläubig. Sie hegte die klare Überzeugung, dass Paulus – könnte er ihr Leben betrachten – Verständnis gehabt hätte für ihren Drang, öffentlich das Wort zu ergreifen. Sie stellte eine einfache Frage: »Und wenn ich nun mal eine Frau bin?«

Abschiedsrede (1833)

>> Und wenn ich nun mal eine Frau bin? Ist nicht der Gott vergangener Tage auch der Gott unserer modernen Zeit? Berief er nicht Debora, eine Mutter und Richterin in Israel zu sein? Rettete nicht Königin Ester den Juden das Leben? Und war nicht Maria Magdalena die Erste, die erklärte, dass Christus von den Toten auferstanden war? Paulus hielt es für schändlich, wenn Frauen in der Öffentlichkeit das Wort ergriffen. Und doch: Unser großer Hohepriester und Richter verurteilte die Frau nicht für ein viel offenkundigeres Vergehen; noch wird er diesen bedeutungslosen Wurm hier verurteilen. Das zerstoßene Rohr wird er nicht zerbrechen, und den glimmenden Docht wird er nicht auslöschen, bis dass er ausführe das Gericht zum Sieg. Wüsste Paulus um unsere Entbehrungen und das Unrecht, das uns widerfährt, er würde keinen Einspruch dagegen erheben, dass wir öffentlich um unsere Rechte bitten.

(...) Wenn es aber Frauen wie diese auch früher schon gab, dann wundert euch nicht länger, meine Brüder und Freunde, dass Gott in diesen bewegten Zeiten auch eure Frauen dazu beruft, sich an ihnen ein Beispiel zu nehmen und – in der Öffentlichkeit und im eigenen Heim – an deren Seite zu stellen, die dem starken Strom von Vorurteilen, der uns heute entgegenschlägt, Einhalt gebieten wollen. Spottet nicht länger über sie, denn es wird als Sünde gelten. Manches Mal bedient sich Gott gerade der Schwachen, um seine erhabensten Ziele zu erreichen.

Betrachten wir einmal den im 15. Jahrhundert herrschenden Geist. Damals konnte man Frauen sehen, die predigten und sich in Streitgespräche einmischten. Frauen, die Lehrstühle für Philosophie und Recht innehatten; Frauen, die vor dem Papst Ansprachen auf Latein hielten, die Schriften auf Griechisch verfassten und Studien auf Hebräisch absolvierten. Nonnen waren Dichterinnen, sie waren Frauen mit göttlichen Fähigkeiten; in Rhetorik geschulte junge Mädchen brachten mit lieblichster Miene und vorwurfsvollster Stimme in herzergreifenden Ansprachen den Papst und die christlichen Fürsten dazu, den Türken den Krieg zu erklären. Ihre freien Stunden widmeten die Frauen jener Tage dem Studium und der Besinnung. Der religiöse Geist, der Frauen immer schon beseelte, trat damals besonders kraftvoll zutage. Er machte sie zu Märtyrerinnen, zu Apostelinnen, zu Kriegerinnen und schließlich zu Geistlichen und Gelehrten.

Warum also kann uns nicht auch heute solch ein religiöser Geist beseelen? Warum können nicht auch wir Geistliche und Gelehrte sein? Was, wenn solche Frauen aus der Mitte unserer dunklen Rasse dazu berufen wären? Denn das ist nicht unmöglich; nicht die Hautfarbe macht einen Mann oder eine Frau aus, sondern die Prinzipien, die seine oder ihre Seele formt. Ein vortrefflicher Geist wird erstrahlen, woher er auch immer kommen mag; und Genie und Begabung werden ihren hellen Schein nicht länger verbergen.

> (...) nicht die Hautfarbe macht einen Mann oder eine Frau aus, sondern die Prinzipien, die seine oder ihre Seele formt.

Maria Stewart

Angelina Grimké
Politische Aktivistin

Die tiefgläubige Angelina Grimké war die Tochter eines wohlhabenden Sklavenhalters in South Carolina. Sie schockierte ihre Familie, als sie in den 1830er-Jahren gegen die Sklaverei auf Vortragsreise ging. Selbst ihre engsten Freund*innen, darunter ihr späterer Ehemann Theodore Weld, drängten sie, von öffentlichen Auftritten abzusehen. Sie fürchteten, das Aufsehen, das eine vor Publikum sprechende Frau erregen würde, schade ihrer Sache. Die führenden Sklavereigegner waren Männer. Grimkés Reden, wie auch die Vorträge und Schriften ihrer Schwester Sarah, wagten sich auf gefährliches Terrain: Sie betrachteten Frauen als den Männern in moralischer Hinsicht ebenbürtig. Ein empörter Kirchenverband in Neuengland reagierte darauf mit einem Hirtenbrief, der bei Gottesdiensten verlesen werden sollte und die Zuhörer*innen mahnte, dass »die Macht der Frau in ihrer Abhängigkeit liegt«.

Dennoch betrat Grimké die Bühne. Gegen die Verachtung sei der Glaube ihre Kraftquelle, erzählte sie oft. 1838 sprach sie während eines landesweiten Treffens von Sklavereigegnerinnen vor einem Publikum aus Schwarzen und Weißen in der Pennsylvania Hall in Philadelphia. Während sie sprach, schlug ein gewalttätiger Mob von außen gegen die Türen und Fenster. In ihrer Rede fordert sie ihr Publikum auf, insbesondere die Frauen, von ihrem Petitionsrecht Gebrauch zu machen (Frauen hatten noch kein Wahlrecht) und sich entschieden gegen zornige Stimmen wie die des Mobs zu stellen. (Die in eckigen Klammern gefassten Kommentare, die die Ausschreitungen beschreiben, wurden zusammen mit der Rede veröffentlicht). Später brannte der Mob die leere Versammlungshalle nieder.

Rede wider die Sklaverei
(1838)

» Männer, Brüder und Väter – Mütter, Töchter und Schwestern, wozu seid ihr gekommen? (...) Als Südstaatlerin empfinde ich es als meine Pflicht, heute hier oben zu stehen und Zeugnis gegen die Sklaverei abzulegen. Ich habe sie gesehen. (...) Ich kenne ihre Schrecken, die sich nicht beschreiben lassen. (...) [In diesem Moment wurden Steine gegen die Fenster geworfen – großer Lärm draußen und Aufregung innen.] Was sagt uns der Pöbel? Was würde uns das Zerschlagen eines jeden Fensters sagen? Was würde uns das Niederreißen dieser Halle sagen? Sind sie Beweise dafür, dass wir uns irren oder dass Sklaverei eine gute und nützliche Sache ist? (...) Oft hören wir die Frage: »Was sollen wir tun?« Jetzt ist die Gelegenheit zu handeln. Jeder Mann und jede Frau hier kann etwas tun: Sie können zeigen, dass wir den Pöbel nicht fürchten und dass wir inmitten von Drohungen und Schmähungen für die Stummen sprechen und für die Sache derer eintreten, die im Begriff sind, zu sterben. (...) Frauen von Philadelphia! Erlauben Sie mir – einer Frau aus dem Süden (...) –, Sie zu bitten, sich dieser Sache anzuschließen. Vor allem möchte ich Sie inständig bitten, Petitionen einzureichen. Männer können diese und andere Fragen an der Wahlurne klären, aber Sie haben kein solches Recht; nur durch Petitionen können Sie die Gesetzgeber erreichen. Es ist daher Ihre besondere Pflicht, Bittschriften einzureichen. (...) Wenn die Frauen dieser Staaten eine solche Petition an den Kongress schicken, werden sich unsere Gesetzgeber, so wie die in England, erheben und sagen: »Wenn alle jungen Frauen und alle alten Damen des Landes an unsere Türen klopfen, müssen wir Gesetze erlassen.« Der Eifer und die Liebe, der Glaube und die Werke unserer englischen Schwestern beflügeln unsere – sodass wir, während die Sklaven weiter leiden und wenn sie um Erlösung flehen, zufrieden sagen können, dass wir getan haben, was wir konnten.

 wennnichtichwerdann.de/04

Sojourner Truth
Sklavereigegnerin und Frauenrechtsaktivistin

Von einer Sklavin auf dem Land im Bundesstaat New York verwandelte sich Sojourner Truth in eine scharfzüngige, charismatische Rednerin, die ihr Publikum faszinierte und bezauberte. Im Laufe ihres langen Lebens war sie so einiges: evangelikale Predigerin, Sklavereigegnerin, Mutter und Autobiografin. Um das Jahr 1797 wurde sie in einen Haushalt hineingeboren, in dem man Niederländisch sprach. Mit etwa neun Jahren verkauften ihre Besitzer sie und zwangen sie somit, ihre Familie zu verlassen. Als zwei Jahrzehnte später die Sklaverei in New York verboten wurde, floh sie vom Anwesen ihres Besitzers und erstritt vor Gericht die Freiheit ihres Sohnes Peter.

Mit Mitte 40 erlebte sie ein spirituelles Erwachen und änderte im Jahr 1843 ihren Namen in Sojourner Truth. Von nun an predigte sie gegen die Sklaverei und lebte von den Einnahmen aus dem Verkauf ihrer Autobiografie *Narrative of Sojourner Truth: A Northern Slave* (»Die Geschichte von Sojourner Truth: einer Sklavin aus dem Norden«). Das Buch hatte sie diktiert, denn sie konnte weder lesen noch schreiben. 1851 hielt sie auf der Ohio Women's Rights Convention ihre berühmteste Rede, »Ain't I A Woman?« (»Bin ich denn keine Frau?«). Sie hinterließ einen nachhaltigen Eindruck, und im Lauf der Zeit kamen mehrere Versionen des Textes in Umlauf. Die Fassung, die am häufigsten gedruckt und zum Prüfstein für Feministinnen und Bürgerrechtler*innen wurde, hatte die weiße Sklavereigegnerin Frances Gage 1863 aus dem Gedächtnis niedergeschrieben – zwölf Jahre nach Truths Rede. Gage verlieh der im Staat New York geborenen Truth fälschlicherweise einen Südstaatenakzent. Die hier abgedruckte Version wurde bereits 1851 von Reverend Marius Robinson, einem Freund von Truth, schriftlich festgehalten und in der Zeitung *The Anti-Slavery Bugle* veröffentlicht. Wahrscheinlich liefert dieser Text ein authentischeres Echo von Truths außergewöhnlicher Stimme.

Bin ich denn keine Frau?
(1851)

» (...) Ich will dazu auch ein paar Worte sagen. Ich *bin* die Rechte der Frau. Ich habe ebenso viel Kraft wie ein Mann, und ich kann ebenso viel Arbeit leisten wie ein Mann. Ich habe gepflügt und geerntet, geschält und gehackt und gemäht – kann denn ein Mann mehr leisten? Oft wird erzählt, dass die Geschlechter gleich sind. Ich kann ebenso viel tragen wie ein Mann, und ich kann ebenso viel essen, wenn ich es denn kriege. Ich bin ebenso stark wie jeder heutige Mann. Was den Verstand angeht, da kann ich nur sagen: Wenn der Frau ein kleines Glas zur Verfügung steht und dem Mann ein großes Glas, warum soll sie dann ihr kleines Glas nicht bis zum Rand füllen dürfen? Ihr müsst keine Angst haben, uns unsere Rechte zu geben, weil ihr fürchtet, wir würden uns zu viel davon nehmen – in unser Gläschen passt doch gar nicht mehr hinein. Die armen Männer wirken ganz verwirrt und ratlos. Kinder, gesteht den Frauen ihre Rechte zu, dann geht es euch besser. Ihr habt immer noch eure eigenen Rechte, und sie machen euch dann weniger Scherereien. Ich kann nicht lesen, aber ich kann hören. Ich habe die Bibel gehört und gelernt, dass Eva den Mann zur Sünde verführt hat. Wenn die Frau die Welt auf den Kopf gestellt hat, gebt ihr doch die Chance, sie wieder geradezurücken. Die Muttergottes hat gesagt, Jesus hätte einer Frau nie etwas abgeschlagen, und sie hatte recht. Als Lazarus starb, kamen Maria und Martha voller Glaube und Liebe zu Jesus und flehten ihn an, ihren Bruder aufzuerwecken. Jesus weinte – und Lazarus erstand wieder auf. Und wie kam Jesus auf die Welt? Durch Gott, der ihn erschaffen hat, und die Frau, die ihn geboren hat. Was war deine Rolle, Mann? Aber nun erheben sich die Frauen, gepriesen sei Gott, und ein paar Männer tun es ihnen gleich. Der Mann gerät in Bedrängnis: Die armen Sklaven wehren sich, die Frauen gehen ebenfalls auf ihn los. Habicht und Bussard schweben drohend über ihm.

 wennnichtichwerdann.de/05

Victoria Woodhull
Sozialreformerin

Victoria Woodhull kam 1868 nach New York und sorgte rasch für eine Sensation. 1870 gehörten sie und ihre Schwester Tennessee Claflin zu den ersten Börsenmaklerinnen; noch im selben Jahr gründeten sie eine Zeitung.

In ihrer Jugend hatte Woodhull im Laden ihrer Familie als Hellseherin gearbeitet. Während dieser Tätigkeit, sagte sie später, baten »Tausende von untröstlichen Männern und Frauen mit gebrochenem Herzen«, die unglücklich verliebt oder in schlechten Ehen gefangen waren, um ihren Rat. Sie kam zu dem Schluss, dass der Kern des Problems die Institution Ehe sei. So wurde sie zu einer öffentlichen Befürworterin der freien Liebe. Diese bestand für sie darin, eine monogame Liebesbeziehung nach freiem Willen einzugehen oder zu beenden. Das Gesetz habe in der Liebe keinen Platz, argumentierte sie, vor allem nicht bei einem Ehe- und Scheidungsrecht, das Männer begünstige.

1871 – ein Jahr, bevor sie sich als erste Frau um das Präsidentenamt der Vereinigten Staaten bewarb – erklärte sie in der New Yorker Steinway Hall vor 3 000 Zuhörer*innen die Lehre von der freien Liebe so: »Eine Liebe, die ich nicht selbst bestimmen kann, ist nicht die meine; sie soll mich nicht beunruhigen noch will ich versuchen, sie ihrem rechtmäßigen Besitzer zu stehlen. (...) Stattdessen sollen meine Türen und Fenster offen stehen, und ich will so edelmütig leben, dass sich selbst die Besten von meinen unwiderstehlichen Reizen angezogen fühlen.« Woodhull gelang es durch ihre Redekunst, dass ihr das Publikum gebannt folgte. Als ein Kritiker sie provozierte, riss sie sich eine weiße Rose vom Kragen, warf sie zu Boden und erklärte: »Ja, ich bin eine Freie Liebende.«

Die Prinzipien der sozialen Freiheit (1871)

» Das Gesetz kann nicht ändern, was die Natur längst bestimmt hat. Noch wird die Liebe gehorchen, wenn das Gesetz sie befiehlt. Das Gesetz kann zwei Menschen nicht zur Liebe zwingen. Es hat nichts mit Liebe und auch nichts mit deren Abwesenheit zu tun. Die Liebe steht über jedem Gesetz, ebenso wie Hass, Gleichgültigkeit, Abscheu und alle anderen menschlichen Empfindungen, die in den Geschlechterbeziehungen zutage treten. Rechtlich und logisch folgt daraus: Wenn Liebe irgendetwas mit der Ehe zu tun hat, dann hat das Gesetz nichts mit ihr zu tun. Ganz im Gegenteil: Wenn das Gesetz irgendetwas mit der Ehe zu tun hat, dann hat Liebe nichts damit zu tun. Dieser Schlussfolgerung kann man sich nicht entziehen.

Überprüft man mittels der Rechte des Einzelnen, welche dieser Thesen wahr ist: Was wird das Ergebnis sein? Zwei Personen, ein Mann und eine Frau, begegnen sich und fühlen sich zueinander hingezogen – diese gegenseitige Anziehung ist ein ganz natürliches Gefühl, das unbewusst in ihnen selbst entsteht und über das keiner von beiden die Kontrolle hat. Man nennt es Liebe. Diese Angelegenheit geht diese beiden an, und keine andere Menschenseele besitzt das Recht, darüber zu urteilen, dazu Ja oder Nein zu sagen. Denn in dieser Angelegenheit hat niemand außer diesen beiden das Recht, sich einzumischen, und es ist die Pflicht dieser beiden, jede andere Person davon auszuschließen, denn niemand kann für einen anderen lieben oder begreifen, warum ein anderer liebt.

(…) Die Liebe ist ein Recht, das über Verfassungen oder Gesetzen steht. Es ist ein Recht, das Verfassungen und Gesetze weder gewähren noch entziehen können, mit dem sie nicht das Geringste zu tun haben. Es liegt in seiner Natur, dass es von Verfassungen und Gesetzen für immer unabhängig ist, und es existiert – es kommt und es geht – ihnen zum Trotz. Ebenso gut könnten Regierungen sich anmaßen zu entscheiden, wie Menschen denken sollen, oder ihnen das Denken ganz verbieten, wenn sie sich auch anmaßen zu entscheiden, dass sie nicht lieben dürfen, wie sie lieben dürfen oder dass sie lieben müssen.

(…) Und allen, die mich dafür verurteilen, antworte ich: Ja, ich bin eine Freie Liebende. Ich habe das unveräußerliche, verfassungsmäßige und natürliche Recht zu lieben, wen ich will, so lange oder so kurz, wie ich kann, diese Liebe jeden Tag zu ändern, wenn ich will, und keiner von euch noch irgendein Gesetz hat das Recht, sich einzumischen. Ferner habe ich das Recht, die freie und uneingeschränkte Ausübung dieses Rechts zu fordern. Es ist nicht nur eure Pflicht, es mir zu gewähren, sondern als Gemeinschaft für den Schutz meines Rechts Sorge zu tragen. Ich vertraue darauf, dass ich voll und ganz verstanden werde, denn nur darum geht es und nicht weniger!

 wennnichtichwerdann.de/06

**Die Liebe ist
ein Recht, das über
Verfassungen
oder Gesetzen steht.**

Victoria Woodhull

Sarah Winnemucca
Autorin und Aktivistin

Sarah Winnemucca war die erste amerikanische Ureinwohnerin, die vor dem US-Kongress sprach: 1884 trat sie im Repräsentantenhaus vor das Committee on Indian Affairs. Sie konnte von ihren Erfahrungen zehren, denn sie setzte sich schon seit Jahren für ihr Volk, die Nördlichen Paiute, ein. Während des Bannockkriegs im Jahr 1878 fungierte sie als Dolmetscherin und vermittelte zwischen dem US-Militär und den Bannock. Zur Vergeltung dafür, dass einige Nördliche Paiute an dem Krieg teilgenommen hatten, zwang man Winnemuccas Volk, in das raue Yakama-Reservat im heutigen Staat Washington umzusiedeln. Dort litten sie unter Krankheiten, Hunger und Mangel an jeglichen Ressourcen. Nachdem Winnemucca bereits vergeblich versucht hatte, die Freilassung ihres Volks zu erwirken, brachte sie 1884 eine Petition in Washington, D. C., vor.

Winnemucca war eine begnadete Rednerin. Vor ihrer Anhörung im Kongress unternahm sie eine ausgedehnte Vortragsreise entlang der gesamten Ostküste. Jahre zuvor hatte sie in San Francisco zusammen mit ihrem Vater Szenen auf die Bühne gebracht, in denen die beiden die Not der Paiute darstellten. Winnemucca übernahm dabei die Rolle einer Indianerprinzessin. Ihr Buch *Life Among the Paiutes: Their Wrongs and Claims,* die erste Autobiografie einer amerikanischen Ureinwohnerin, enthält Ausschnitte ihrer Reden, die mitreißend gewesen sein müssen. »Solche Vorträge hatte es in der zivilisierten Welt noch nie gegeben – wortgewandt, herzergreifend, manchmal erschütternd«, schrieb ein Journalist 1879. »Stets aufs Neue überraschte sie mit ihren originellen Anekdoten, sarkastischen Bemerkungen und wunderbaren Parodien das Publikum, das immer wieder in Lachen ausbrach und applaudierte.«

Rede vor dem Committee on Indian Affairs (1884)

>> Der Präsident erließ die Order, »alle 500 Paiute in Obhut zu nehmen und sie über die Blue Mountains und den Columbia River in das Yakama-Reservat zu bringen«. Diese Anordnung kam im Dezember. Stellen Sie sich die bittere Kälte dort um diese Zeit vor. Obwohl alles Erdenkliche zu unseren Gunsten vorgebracht wurde, konnten sie sich der Anordnung nicht widersetzen. Wir marschierten also los. Die Soldaten hatten gute Schuhe und Mäntel aus Bisonfell, sie waren gut ausgerüstet – ganz im Gegensatz zu meinen Leuten. Sie waren arm, hatten keine Kleidung, keine Decken und keine Mäntel aus Bisonfell, sie hatten nichts, das sie wärmte. Denn da, wo wir herkamen, gab es keine Bisons. Wir machten uns auf den Weg und marschierten durch das Schneetreiben, die kleinen Kinder auf dem Arm. Wir brauchten lange. Wenn wir irgendwo unser Lager aufschlugen, erklang manchmal lautes Wehklagen. Einige der Weißen machten sich darüber lustig und ahmten es nach. Die Frauen weinten, doch nicht weil sie froren, denn sie waren an Kälte gewohnt. Auch nicht weil sie krank waren, denn sie waren Leid gewohnt. Die Frauen weinten, weil ihre kleinen Kinder, die sie im Arm hatten, erfroren waren. (...)

Die Leichen meines Stammes säumten die ganze Straße über den Columbia River hinweg bis zum Yakama-Reservat. Bei unserer Ankunft wurden wir einem anderen Mann übergeben, danach starben unsere Leute reihenweise. Im folgenden Winter kam ich dann hierher nach Washington. In San Francisco hatte ich schon darüber berichtet, und der Präsident schickte nach mir und meinem Vater. Wir kamen hierher, und ich – beziehungsweise mein Vater – brachte unser Anliegen vor. Natürlich bat mein Vater darum, dasselbe Reservat zurückbekommen. Er sagte: »Ich habe nichts getan.« Er sagte: »Mein Volk hat nichts getan.« Er sagte, unser Volk habe Weißen das Leben gerettet, und jetzt sei es überall verstreut. Warum soll unser Volk so bestraft werden? (...)

Es konnte also nicht zurück. Wie soll man auch an einen Ort zurück – einen Ort, nach dem man sich sehnt, doch der einem verwehrt wird und an dem ein Löwe mit aufgerissenem Maul liegt, der zuzuschnappen droht, sobald man sich nähert? (...) Wir haben kein Reservat, kein Zuhause. Ich bitte Sie hiermit für mein Volk, uns in unsere Heimat zurückzulassen, egal wohin, solange es in der Heimat ist, in der wir geboren wurden. Mehr verlange ich nicht.

Ich bitte Sie hiermit für mein Volk, uns in unsere Heimat zurückzulassen, egal wohin, solange es in der Heimat ist (...)

———————

Sarah Winnemucca

Elizabeth Cady Stanton
Frauenrechtlerin

In Elizabeth Cady Stantons Abschiedsrede »The Solitude of Self« (»Die Einsamkeit des Selbst«) – gehalten 1892, als Stanton fast 80 Jahre alt war – liegt die ganze Wucht eines lebenslangen öffentlichen Kampfes im Namen der Frau. Beinahe ein halbes Jahrhundert zuvor hatte Stanton 1848 auf der Seneca Falls Convention, die als Geburtsstunde der amerikanischen Frauenbewegung gilt, ihre »Declaration of Sentiments« vorgelegt. Darin forderte sie mehr Rechte für Frauen in Bezug auf Eigentum, Ehe und Wahlen. In Anspielung auf den Wortlaut der amerikanischen Unabhängigkeitserklärung heißt es gleich zu Beginn: »Wir halten diese Wahrheiten für ausgemacht, dass alle Männer und Frauen gleich erschaffen worden.«

In den fünf Jahrzehnten dazwischen war Stanton nahezu pausenlos unterwegs, oft zusammen mit ihrer engen Verbündeten Susan B. Anthony; sie hielt Reden und Vorträge, verfasste zahllose Schriften und half, Frauen landesweit politisch zu organisieren. Obwohl sie auch in der Abstinenzbewegung aktiv war und für die Befreiung der Sklaven eintrat, machte sie vor allem als prägende Figur der frühen Frauenbewegung von sich reden. Im Gegensatz zu Anthony ging es der freigeistigen Stanton nicht nur um das Wahlrecht, sondern um eine Gleichstellung auf ganzer Linie. Mit »The Solitude of Self« brachte sie nach all den Jahren noch einmal auf ergreifende Weise ihre Gedanken zur Rolle der Frau in der Gesellschaft zum Ausdruck, bevor sie offiziell von ihrem Amt als Vorsitzende der National American Woman Suffrage Association, der größten amerikanischen Frauenwahlrechtsorganisation, zurücktrat. Stantons Frauen leben selbstbestimmt und suchen das Abenteuer, sind nur ihrem eigenen Gewissen verpflichtet und in schweren Stunden selbst für ihr Seelenheil verantwortlich. Obwohl Stanton die Einführung des Frauenwahlrechts im Jahr 1920 nicht mehr erlebte, legte ihre Rede den Grundstein für ein modernes Verständnis von Weiblichkeit und läutete eine neue Ära feministischen Denkens ein. Großherzig, poetisch und voll tiefster Überzeugung ist »The Solitude of Self« eine rhetorische Sternstunde.

The Solitude of Self (1892)

》 Der entscheidende Grund, Frauen die Chance auf eine Hochschulbildung zu geben und darauf, ihre Fähigkeiten, ihre Geistes- und Körperkräfte voll zur Entfaltung zu bringen; auf Freiheit in ihrem Denken und Handeln, auf Befreiung aus sämtlichen Zwängen, von Traditionen, Bevormundung, Aberglaube, von sämtlichen lähmenden Spielarten der Angst, liegt in der Einsamkeit und Eigenverantwortlichkeit jeder Frau für ihr Leben. Der entscheidende Grund, weshalb eine Frau unserer Meinung nach politisch mitentscheiden sollte (…), liegt in ihrem Geburtsrecht, selbst über ihr Schicksal zu bestimmen, denn jeder Mensch muss auf sich selber vertrauen können. So gerne sich Frauen auch anlehnen, beschützen und aushalten lassen – und Männer sie dazu anhalten –, seine Reise durchs Leben muss jeder alleine antreten. Und sicher in der Not ist, wer ein paar Regeln der Seefahrt kennt. Um sein Schiff eigenhändig zu steuern, muss man Kapitän, Lotse und Maschinist sein, mit Karte und Kompass am Ruder stehen, stets den Wind und die Wellen im Blick haben und wissen, wann die Segel einzuholen sind – vor allem aber die Zeichen am Firmament deuten können. Es spielt keine Rolle, ob der einsame Reisende Mann oder Frau ist. Die Natur hat beide gleichermaßen bedacht; droht Gefahr, ist jeder auf sich und sein Urteilsvermögen zurückgeworfen, und wenn sie der Aufgabe nicht gewachsen sind, gehen beide unter.

Um zu begreifen, wie wichtig es ist, einen Menschen zur Eigenständigkeit zu erziehen, muss man sich einmal die grenzenlose Einsamkeit des Selbst vor Augen führen. Wir kommen allein und wie kein anderer vor uns auf die Welt, und jeder von uns verlässt sie allein und unter einmaligen Umständen wieder. (…) Wenn man bedenkt, dass wir Frauen Freud und Leid für immer und ewig mit ihnen teilen, ist es da nicht eine Anmaßung sondergleichen, dass Männer uns an der Urne und vor dem Gnadenthron vertreten wollen und deshalb an unserer statt wählen gehen, für uns in der Kirche mitbeten und den Hohepriester am Familienaltar spielen? (…) Es grenzt an blanken Hohn, zu behaupten, Frauen blieben die eisigen Stürme des Lebens erspart. Der Sturm peitscht aus allen Himmelsrichtungen auf sie ein, was für Frauen weit schlimmere Folgen hat als für Männer, denn Männer hat man gelehrt, sich zu schützen, zu trotzen, zu bändigen. (…) Ganz gleich, wie viel Schutz uns ein Mann unter vertrauten Bedingungen bieten kann – bei einem schrecklichen Unglück zu Land oder auf See, in Momenten allerhöchster Gefahr, gilt es als Frau, sich dem Schrecken alleine zu stellen; selbst der Todesengel ebnet ihr keinen Königsweg. Liebe und Zuneigung eines Mannes wird uns nur in den Sonnenstunden des Lebens zuteil. In der stillen Einsamkeit unseres Selbst, die uns mit dem Unermesslichen und dem Ewigen verbindet, ist der Mensch für immer allein. (…) So lebt ein jeder für sich. Und ich frage euch, wie soll, wie kann man es wagen, auf die Rechte, die Pflichten, die Verbindlichkeiten einer anderen Menschenseele Anspruch zu erheben?

 wennnichtichwerdann.de/08

Um sein Schiff eigenhändig zu steuern, muss man Kapitän, Lotse und Maschinist sein, mit Karte und Kompass am Ruder stehen (…)

Elizabeth Cady Stanton

Mary Church Terrell
Bürgerrechtlerin und Suffragette

1906 hielt Mary Church Terrell eine bewegende Rede vor einem Frauenverband in Washington, D. C. Darin machte sie insbesondere auf die Kluft zwischen dem amerikanischen Freiheits- und Unabhängigkeitsideal und der harschen Realität der damaligen Jim-Crow-Gesetze aufmerksam. Als afroamerikanischer Frau war es Terrell im Jahre 1906 weder gestattet, in demselben Restaurant zu essen wie die weißen Bürger ihrer Stadt, noch durfte sie dieselben öffentlichen Verkehrsmittel nutzen oder in denselben Hotels absteigen. »Käme ich als Frau mit dunkler Hautfarbe nachts nach Washington, dann als eine Fremde in einem fremden Land; stundenlang müsste ich durch die Straßen laufen, bis ich einen Ort fände, an dem ich mein Haupt betten kann«, berichtete sie.

Zu dem Zeitpunkt lebte Terrell seit über zehn Jahren in Washington; sie arbeitete als Sprachlehrerin und hatte soeben eine Stelle in der örtlichen Schulbehörde angetreten. Sie war hochgebildet – im Jahre 1888 erwarb sie den Mastergrad am Oberlin College in Ohio – und beeindruckte im Ausland, weil sie ihre Vorträge in englischer, deutscher und französischer Sprache hielt. 1896 wurde sie zur ersten Präsidentin der neu gegründeten National Association of Colored Women gewählt. Der fest in der Gesellschaft verwurzelte Rassismus ließ ihr keine Ruhe: »Meine intellektuellen Fähigkeiten können noch so überzeugend sein und der Bedarf an einer kompetenten Kraft noch so hoch, dennoch schlagen mir zahlreiche Arbeitgeber, die meine weißen Schwestern mit offenen Armen empfangen, die Tür vor der Nase zu.« 1950 war Terrell – damals bereits über 80 – Mitorganisatorin der ersten erfolgreichen Sitzstreiks in Washingtoner Restaurants, mit denen gegen die Rassentrennung demonstriert wurde. Sie wurde gerade alt genug, um die Aufhebung der Rassentrennung an öffentlichen Schulen zu erleben – der U. S. Supreme Court erklärte sie 1954 für verfassungswidrig.

Denn die Kluft zwischen den Prinzipien, auf denen dieser Staat gegründet wurde und denen er angeblich immer noch treu ist, und den Prinzipien, nach denen unter der amerikanischen Flagge täglich gehandelt wird, klafft ungeheuer weit und tief.

Mary Church Terrell

Was es bedeutet, als Mensch mit dunkler Hautfarbe in der Hauptstadt der Vereinigten Staaten zu leben (1906)

» Washington, D. C., wird als »Paradies des farbigen Mannes« bezeichnet. Ob der Hauptstadt dieser Beiname durch einen Angehörigen der benachteiligten Rasse in bitterer Ironie verliehen wurde, um damit seine Verfolgung und Zurückweisung auszudrücken, oder ob es ein ehemaliger Sklavenhalter war, als er direkt nach dem Bürgerkrieg zum ersten Mal Menschen mit dunkler Hautfarbe frei auf der Straße herumlaufen sah – zumindest ohne einen Aufseher und seine Peitsche –, entzieht sich unserer Kenntnis. Sicher ist jedoch, dass sich für Washington wohl kaum eine unzutreffendere Bezeichnung finden ließe als »Paradies des farbigen Mannes« – nimmt man seinen Wahrheitsgehalt als Maßstab dafür, ob ein Name passend ist.

(...) Als Frau mit dunkler Hautfarbe kann ich vollkommen ausgehungert und mit ausreichend Geld für eine Mahlzeit in der Tasche vom Kapitol bis zum Weißen Haus laufen, ohne ein einziges Restaurant zu finden, in dem ich auch nur ein Stück Brot bekomme, weil dort auch Weiße verkehren – außer ich erklärte mich bereit, hinter einer Trennwand zu sitzen. Als Frau mit dunkler Hautfarbe kann ich das Grabmal des Vaters unserer Nation, das nur dank der Freiheitsliebe in den Herzen der Menschen existiert und das für die Chancengleichheit aller steht, nicht besuchen – nicht ohne gezwungenermaßen in der Jim-Crow-Abteilung der Straßenbahn Platz zu nehmen, und das inmitten der Hauptstadt zwischen Kapitol und Weißem Haus. Weigere ich mich, mich demütigen zu lassen, stecken sie mich ins Gefängnis und lassen mich eine Geldbuße zahlen, weil ich gegen das Gesetz von Virginia verstoßen habe. Stunde für Stunde fahren Jim-Crow-Wagen voller Schwarzer, viele von ihnen intelligent und wohlhabend, in die Hauptstadt hinein und aus ihr heraus.

(...) Kein weißer Amerikaner, egal wie einfühlsam und tolerant, kann sich vorstellen, wie sein Leben aussähe, wenn ihm all seine Ambitionen mit einem Mal genommen würden. An diesem Mangel an Ambitionen – diesem furchtbaren Schatten, unter dem wir leben – mag es auch liegen, dass so viele schwarze Jugendliche zugrunde gehen. Es gibt sicher keinen Ort auf der Welt, wo Menschen nur aufgrund ihrer Hautfarbe mit so viel Hass und Grausamkeit verfolgt und unterdrückt werden, wie in der Hauptstadt der Vereinigten Staaten. Denn die Kluft zwischen den Prinzipien, auf denen dieser Staat gegründet wurde und denen er angeblich immer noch treu ist, und den Prinzipien, nach denen unter der amerikanischen Flagge täglich gehandelt wird, klafft ungeheuer weit und tief.

 wennnichtichwerdann.de/09

Ida B. Wells
Journalistin und Bürgerrechtlerin

Ida B. Wells war eine Pionierin des Enthüllungsjournalismus: Sie fesselte die amerikanische Öffentlichkeit mit einer Reihe aufrüttelnder Artikel. In diesen deckte sie auf, dass gewalttätige Mobs und Lynchmorde an schwarzen Männern in den USA ein weitverbreitetes Phänomen waren. Wells war kurz vor Bürgerkriegsende als Sklavin zur Welt gekommen. Sie wurde eine bekannte Journalistin und Mitherausgeberin der Zeitung *Free Speech* in Memphis, Tennessee. Mehrere aufsehenerregende Morde veranlassten sie in den 1890er-Jahren, einen Leitartikel zu schreiben, in dem sie Lynchjustiz scharf verurteilte. Als aufgebrachte Leser ihre Redaktion verwüsteten, kehrte Wells dem Süden den Rücken. In New York veröffentlichte sie einen umfassenderen Enthüllungsbericht in der Flugschrift *Southern Horrors: Lynch Law in All Its Phases*. »Es bereitete mir kein Vergnügen, meine Nase in die Korruptionsfälle zu stecken, die hier aufgedeckt werden«, schrieb sie im Vorwort. »Jemand muss zeigen, dass mehr Sünden gegen die afroamerikanische Rasse begangen werden, als sie selbst begeht. Es scheint an mir zu sein, das zu tun.«

1909 präsentierte Wells in New York auf der National Negro Conference – einer frühen afroamerikanischen Bürgerrechtsorganisation – die Erkenntnisse aus ihren Recherchen. Dabei sprach sie die Mythen an, die im Süden häufig der Rechtfertigung von Lynchmorden dienten: die Angst vor Rassenmischung und sexueller Gewalt gegen weiße Frauen. »Die Lynchmorde eines Vierteljahrhunderts erfordern eine aufmerksame Prüfung durch das amerikanische Volk«, hob sie an. »Ihre Bilanz offenbart drei augenfällige Fakten: Erstens, Lynchmord verläuft entlang der Trennlinie zwischen Schwarzen und Weißen. Zweitens, Verbrechen gegen Frauen sind die Ausrede, nicht die Ursache. Drittens, es handelt sich um ein nationales Verbrechen, das eine nationale Bekämpfung erfordert.« Beharrlich setzte Wells ihre Stimme ein, um anderen Gehör zu verschaffen. Sie blieb bis zu ihrem Tod 1931 eine wortgewaltige Fürsprecherin der Afroamerikaner*innen.

Dieses schreckliche Schlachten (1909)

》 Warum duldet eine christliche Nation Morde durch einen Mob? Was ist der Grund für dieses schreckliche Schlachten? Diese Frage wird fast täglich beantwortet – immer mit derselben schamlosen Lüge, dass »Neger gelyncht werden, um die Frau zu schützen.« John Temple Graves, Verfechter der Lynchjustiz und Verteidiger der Lynchmörder, sagte vor einer Versammlung in Chautauqua: »Der Mob steht heute als das mächtigste Bollwerk zwischen den Frauen des Südens und diesem verbrecherischen Wanderzirkus, der sonst die Welt zum Brodeln brächte und die Vernichtung der Negerrasse herbeiführen würde.« Dies ist die immer gleiche Antwort von Lynchmördern und ihren Verteidigern. Alle wissen, dass es unwahr ist. (...) Gibt es dagegen ein Mittel, oder wird die Nation zugeben müssen, dass sie ihre Beschützer hierzulande und andernorts nicht schützen kann? (...) Das einzig sichere Mittel ist, sich auf das Gesetz zu berufen. Man muss die Gesetzesbrecher wissen lassen, dass ein Menschenleben heilig ist. (...) Angesichts der schwerwiegenden Frage, die das Gemetzel an unschuldigen Männern, Frauen und Kindern aufwirft, sollte es einen ehrlichen und mutigen Austausch unter patriotischen, gesetzestreuen Bürgern geben. Sie sollen dafür kämpfen, dass Verbrechen unverzüglich, unvoreingenommen und durch ein ordentliches Gerichtsverfahren bestraft werden, aber auch Leben, Freiheit und Eigentum vor der Herrschaft des Mobs sicher sind. Es gab eine Zeit, in der Lynchjustiz auf bestimmte Gegenden begrenzt schien, jetzt aber existiert sie landesweit – ein Virus, der sich durch unser Land zieht, der unserem Gesetz spottet und Schande über unseren christlichen Glauben bringt. »Mit Groll gegen keinen, aber mit Güte für alle« wollen wir das Werk angehen und dem »Gesetz des Landes« auf jedem Meter amerikanischen Bodens zu Wirksamkeit und Achtung verhelfen – es soll ein Schutzschild für die Unschuldigen sein; und den Schuldigen eine schnelle und sichere Strafe.

 wennnichtichwerdann.de/10

Countess Markiewicz
Suffragette und Politikerin

Als die irische Nationalistin und Suffragette Constance Markiewicz, auch Countess Markiewicz genannt, 1918 als erste Frau ins britische Unterhaus gewählt wurde, saß sie gerade wegen Verbrechen gegen den britischen Staat im Londoner Holloway-Gefängnis ein. Es war nicht ihre erste Haftstrafe: Zwei Jahre zuvor hatte man sie wegen ihrer Teilnahme am blutigen Osteraufstand von 1916 zum Tode verurteilt. Die Strafe wurde wegen ihres Geschlechts anschließend in lebenslängliche Haft umgewandelt. Später wurde sie im Rahmen einer Generalamnestie freigelassen. Ihren Sitz im britischen Parlament hätte sie allerdings selbst dann nicht wahrgenommen, wenn die Haft sie nicht daran gehindert hätte. Als Mitglied der irischen Partei Sinn Féin trat sie für die irische Unabhängigkeit ein und hätte niemals einen Treueeid auf den britischen König geschworen. Stattdessen gründeten sie und andere Mitglieder der Sinn Féin ein alternatives Parlament in Dublin und bereiteten so den Weg für den irischen Unabhängigkeitskrieg, ein jahrzehntelanges Ringen um nationale Selbstbestimmung.

Fast zehn Jahre vor ihrer Haft und Wahl ins Unterhaus hielt Markiewicz vor der Student's National Literary Society in Dublin eine Rede mit dem Titel »Frauen, Ideale und die Nation«. Dabei beschwor sie die Ideale der nationalen Unabhängigkeit und des Opfermuts, forderte ihre Zuhörer*innen auf, irische Waren zu kaufen, irische Bildung zu fördern und Irland zu verteidigen – wenn nötig, unter Einsatz von Leib und Leben. In einer Zeit, als irische Frauen keinerlei Mitspracherechte hatten, drängte Markiewicz sie, sich zu erheben und für ihr Land einzusetzen. Markiewicz, die stets Stärke bewies und nicht davor zurückschreckte, von ihrem Revolver Gebrauch zu machen, nannte den Gedanken, Frauen könnten ihrer Nation nur an Heim und Herd dienlich sein, »eine veraltete Vorstellung«. Stattdessen plädierte sie dafür, dass Frauen sich in allen Bereichen des öffentlichen Lebens einbringen.

Frauen, Ideale und die Nation (1909)

» Irland ruft ihre Töchter zum Aufbau ihres nationalen Lebens auf. Ihre frischen, reinen Lebensanschauungen, ihre jungen Kräfte wurden viel zu lange voneinander getrennt und in unterschiedlichen Heimen versteckt gehalten. Holt sie heraus, organisiert sie, und siehe da, sogleich steht ein ansehnliches neues Heer bereit, um für unsere Nation zu kämpfen. Die alte Vorstellung, eine Frau könne ihrem Land nur in ihrem Heim dienen, ist überholt, jetzt ist die Zeit gekommen! Die Verantwortung liegt nun bei euch. Niemand kann euch helfen, ihr müsst es selbst in die Hand nehmen; ihr müsst die Welt dazu bewegen, euch als Bürgerinnen zu sehen, und erst dann als Frauen. Auf jede von euch wartet ein bestimmter Platz – euer Platz in der Nation. Suchet und ihr werdet ihn finden. Vielleicht als Führerin, vielleicht als ergebene Gefolgsfrau – sei es in einer politischen Partei oder sei es in einer eigenen Partei –, doch es gibt ihn, und wenn ihr ihn nicht selbst findet, wird es niemand für euch tun.

(...) Um es in knappen Worten zusammenzufassen, dies möchte ich den jungen Frauen Irlands mit auf den Weg geben. Betrachtet euch als irisch, glaubt an euch als irische Bürgerinnen, als Teil einer eigenständigen Nation, losgelöst von England, eurem Eroberer, seid fest entschlossen, diese Eigenständigkeit zu bewahren und eure Befreiung zu erringen. Bewaffnet eure Seele mit hehren und freien Gedanken. Bewaffnet euren Verstand mit den Geschichten und dem Andenken an eure Nation und ihre Märtyrer, mit ihrer Sprache und dem Wissen um ihre Kunst, ihren Fleiß. Und sollte in eurer Zeit der Ruf ergehen, euren Leib zu bewaffnen, so scheuet auch davor nicht zurück. Möge dieses Streben nach Leben und Selbstbestimmung unter den Frauen Irlands eine Jeanne d'Arc hervorbringen, die unsere Nation befreit!

Marie Curie
Physikerin und Chemikerin

1911 wurde Marie Curie der Nobelpreis für Chemie verliehen. Damit war sie weltweit die erste Person, die zweimal mit einem Nobelpreis ausgezeichnet wurde (bis heute gelang das nur vier Personen). Ihre Ankunft bei der Verleihung in Stockholm wurde von einem Skandal und einer persönlichen Tragödie überschattet. Pierre Curie, ihr Ehemann und Laborpartner, mit dem sie ihren ersten Nobelpreis für Physik bekommen hatte, war fünf Jahre zuvor bei einem Unfall mit einem Pferdegespann ums Leben gekommen. In der Zwischenzeit war Marie eine neue Beziehung mit dem verheirateten Physiker Paul Langevin eingegangen, wegen der ihr die französische Presse im Nacken saß.

In ihrer Nobelpreisrede beschreibt Marie die Entdeckung der Elemente Radium und Polonium und deren Bedeutung für das neue Gebiet der Radioaktivität. Die Rede war in vielerlei Hinsicht bahnbrechend. Als die Curies 1903 den Preis gemeinsam mit Henri Becquerel entgegennahmen, hielten nur Pierre und Henri eine Ansprache. Marie war zwar die erste Frau, die einen Nobelpreis erhielt, doch man hatte sie nicht ans Rednerpult gebeten. Acht Jahre später war sie die einzige Preisträgerin und die einzige Rednerin. Sie legte ihre eigene Leistung dar, räumte aber gleichzeitig ein, dass der Preis »eine Hommage an das Vermächtnis Pierre Curies« sei.

Marie wurde in Polen geboren, verbrachte aber den Großteil ihres Lebens in Frankreich. Dort gründete sie zwei Institute: eines für die Erforschung der Radioaktivität und eines für die Anwendung der Röntgentechnologie, um verwundete Soldaten im Ersten Weltkrieg zu behandeln. Sie war die erste weibliche Dozentin an der Sorbonne und lehrte dort viele Jahre. 1995, 60 Jahre nach ihrem Tod, war sie die erste Frau, die aufgrund ihrer Leistungen im berühmten Panthéon in Paris beigesetzt wurde. Ihre Tochter Irène gewann 1935 gemeinsam mit ihrem Mann Frédéric Joliot den Nobelpreis für Chemie.

Nobelpreisrede: Radium und die neuen Konzepte in der Chemie (1911)

》 Vor etwa 15 Jahren entdeckte Henri Becquerel die Uranstrahlung. Zwei Jahre später wurde die Erforschung dieses Phänomens auf andere Stoffe ausgeweitet, zunächst von mir allein und danach von Pierre Curie und mir gemeinsam. Unsere Forschungen führten bald zur Entdeckung neuer Elemente, die ähnlich strahlen wie Uran, jedoch bedeutend intensiver. Alle Elemente, die eine derartige Strahlung abgeben, habe ich als *radioaktiv* bezeichnet. Die neue Eigenschaft von Materie, die sich durch diese Strahlung zeigte, bekam den Namen *Radioaktivität*. Dank der Entdeckung neuer, sehr stark radioaktiver Substanzen, insbesondere des Radiums, machte die Erforschung der Radioaktivität erstaunlich schnelle Fortschritte: In schneller Abfolge wurden weitere Entdeckungen gemacht, und eine neue Wissenschaft war offensichtlich im Entstehen begriffen.

(...) Die Entwicklung dieser neuen Wissenschaft ist keineswegs ins Stocken geraten, sondern schreitet stetig voran. Heute, nur 15 Jahre nach Becquerels Entdeckung, stehen wir zahllosen neuen Phänomenen gegenüber. Sie gehören zu einem Gebiet, das sich trotz seiner engen Verknüpfung mit der Physik und der Chemie besonders klar hervorhebt. In der theoretischen Betrachtung dieses Gebiets kommt dem Radium eine entscheidende Bedeutung zu. Der Verlauf der Entdeckung und Isolierung dieser Substanz hat meine Hypothese bestätigt, *dass Radioaktivität eine atomare Eigenschaft von Materie ist und ein Mittel sein kann, neue Elemente zu finden*. Aus dieser Hypothese heraus wurden neue Theorien zur Radioaktivität entwickelt. Anhand dieser können wir mit Gewissheit die Existenz von etwa 30 neuen Elementen voraussagen, die mit chemischen Methoden weder zu isolieren noch genau zu bestimmen sind. Wir gehen davon aus, dass es bei diesen Elementen zu atomaren Transformationen kommt. Der unmittelbarste Beweis für diese Theorie ist die Entstehung des chemisch bestimmbaren Elements *Helium* aus dem chemisch bestimmbaren Element *Radium,* die durch Experimente bestätigt wurde.

Von diesem Standpunkt kann man sagen, dass die Isolierung von Radium die Grundsteinlegung für die Wissenschaft der Radioaktivität war. Zudem bleibt Radium das nützlichste und bedeutendste Instrument in Laboratorien, die mit Radioaktivität arbeiten. Dies wird wohl der Grund sein, weshalb mir die Schwedische Akademie der Wissenschaften die äußerst große Ehre erweist, mir den diesjährigen Nobelpreis für Chemie zu verleihen. Daher möchte ich Ihnen nun Radium als neues chemisches Element im Detail vorstellen. (...)

 wennnichtichwerdann.de/12

In schneller Abfolge wurden weitere Entdeckungen gemacht, und eine neue Wissenschaft war offensichtlich im Entstehen begriffen.

Marie Curie

Emmeline Pankhurst
Suffragette

Emmeline Pankhursts Bild einer vollendeten Dame war eine Frau, die sich stets tadellos kleidete, einen kultivierten Lebensstil pflegte und unter allen Umständen militante politische Ansichten vertrat. Zusammen mit ihrer Tochter Christabel stand Pankhurst an der Spitze der 1903 gegründeten radikalen Frauenorganisation Women's Social and Political Union (WSPU). Enttäuscht vom zurückhaltenden Kurs anderer Gruppierungen, die in Großbritannien für das Frauenwahlrecht kämpften, schlugen die Damen der WSPU einen ungleich schärferen Ton an und ersetzten Protestmärsche und Kundgebungen alsbald durch Brandstiftung, Briefbomben und Säure. Sie warfen Fenster ein, zerstörten Gemälde, ketteten sich an Geländer und zahlten keine Steuern. Das WSPU-Mitglied Emily Davison stürzte sich 1913 beim Epsom Derby vor das Rennpferd des Königs und starb an den Folgen; ihr Tod ging in die Geschichte ein.

Als Pankhurst 1913 in die USA reiste, um Gelder für die WSPU aufzutreiben, hatte sie schon mehrere Gefängnisaufenthalte hinter sich. Vor der Connecticut Women's Suffrage Association – einer Wahlrechtsorganisation in Neuengland –, hielt sie eine Rede, die ebenso freimütig wie humorvoll-selbstkritisch daherkommt. Darin berichtet Pankhurst von den Hungerstreiks und der Zwangsernährung, die die britischen Suffragetten durchlitten hatten, und prangert die Scheinheiligkeit einer Revolution an, die Frauen nicht miteinbezieht. So stelle sich etwa die Frage, weshalb man bei der Boston Tea Party nach dem ganzen Tee nicht auch noch »den Whiskey mit über Bord geworfen« habe. Pankhurst beweist eine nüchterne Einstellung zum Thema Gewalt (»wo gehobelt wird, da fallen Späne«) und pocht unverdrossen auf die elementare Kraft einer Frauenbewegung. »Wir haben kein Erkennungsmerkmal; wir stammen aus sämtlichen Schichten«, erklärt sie. »In meiner Heimat kommen die werten Herren allmählich zu dem Schluss, dass gegen uns kein Kraut gewachsen ist: Wir sind nicht zu fassen, und man kann uns nicht aufhalten.«

Freiheit oder Tod (1913)

>> Ich stehe vor euch als Soldat, der kurzfristig das Schlachtfeld verlassen hat, um zu beschreiben – im Grunde absurd, dass so eine Beschreibung überhaupt nötig ist –, wie ein Bürgerkrieg aussieht, wenn er von Frauen geführt wird. (...) Ich stehe vor euch als Person, auf deren gesellschaftliches Engagement man den Gerichten ihres Heimatlandes zufolge getrost verzichten kann. Aufgrund meines bisherigen Lebens gelte ich als gemeingefährlich, und man hat mich zur Zuchthausstrafe in einem Sträflingsgefängnis verurteilt. (...) Dabei wage ich zu behaupten, dass ich in euren Augen (...) wohl weder wie ein Soldat noch wie ein Sträfling aussehe, und doch bin ich beides.

(...) Alle, die nicht an uns Frauen glauben, möchte ich daran erinnern, dass wir die englische Politik derart in die Enge getrieben haben, dass London gar keine andere Wahl bleibt: Entweder man lässt die Frauen sterben, oder man lässt sie wählen. Eine Frage an die amerikanischen Männer im Saal: Was würdet ihr sagen, wenn eure Regierung plötzlich vor dieser Entscheidung stünde – Frauen entweder ums Leben zu bringen oder ihnen das Bürgerrecht einzuräumen? Nun, darauf gibt es natürlich nur eine Antwort, die einzige Lösung lautet: Man muss diese Frauen wählen lassen. Ihr Amerikaner habt euch eure Freiheit durch eine blutige Revolution erkämpft, die zahllose Opfer gefordert hat. Auch im Bürgerkrieg mussten unzählige Menschen ihr Leben lassen, als es darum ging, die Sklaven zu befreien. Doch den Frauen in eurem Land habt ihr es, so wie die Männer aller zivilisierten Nationen, selbst überlassen, für ihre Befreiung zu sorgen. Uns englischen Frauen geht es leider nicht anders. Das menschliche Leben ist uns heilig, aber wenn es darauf ankommt, werden wir uns opfern, und zwar indem wir den Feind vor die Wahl stellen: Entweder man schenkt uns die Freiheit, oder man schickt uns in den Tod.

Hier bin ich nun. Ich nutze die Zeit, bevor ich wieder ins Gefängnis muss. Viermal saß ich dank des »Cat and Mouse Acts« schon in Haft, und sobald ich einen Fuß auf britischen Boden setze, wird man mich wahrscheinlich sofort wieder festnehmen. Ich möchte euch bitten, mit uns in die Schlacht zu ziehen. Denn sollten wir diesen Kampf, diesen unerbittlichen Kampf zu unseren Gunsten entscheiden, wird es künftig für alle Frauen auf dieser Welt einfacher sein, ihren Kampf zu gewinnen, wenn es so weit ist.

 wennnichtichwerdann.de/13

Denn sollten wir diesen Kampf, diesen unerbittlichen Kampf zu unseren Gunsten entscheiden, wird es künftig für alle Frauen auf dieser Welt einfacher sein, ihren Kampf zu gewinnen, wenn es so weit ist.

Emmeline Pankhurst

Nellie McClung
Autorin und Suffragette

Am Tag bevor die kanadische Autorin und Suffragette Nellie McClung 1914 für ihre spektakuläre Satireeinlage vor das »Pseudoparlament« eines Theaters trat, wohnte sie einer ganz ähnlichen Rede bei: Diese wurde von Sir Rodmond Roblin, Premierminister der Provinz Manitoba, bei einer Zusammenkunft der gesetzgebenden Versammlung gehalten. Dort hatten sich etliche Frauen versammelt, die das Wahlrecht forderten. Roblin sprach sich gegen das Stimmrecht für Frauen aus. Seine Begründung: das sanfte und mütterliche Wesen der Frau. Im Geiste schrieb McClung aufmerksam mit. »In seinem ganzen Leben hatte ihm niemand aufmerksamer zugehört. Ich nahm jede Geste wahr, auch die Pose, die er einnahm, wenn er seine Daumen in die Armlöcher seines Mantels steckte, dabei die kleinen Finger kreisen ließ und auf den Fersen wippte«, schrieb sie später in ihrer Autobiografie. »Er hielt die Rede, die ich keine 36 Stunden später im Stück halten sollte. Ach, wie ich diesen Augenblick genoss!«

Am folgenden Abend brachten McClung und weitere Aktivistinnen der Manitoba Political Equality League *The Women's Parliament* in einem nahe gelegenen Theater auf die Bühne. In der Parallelwelt des Stücks waren Frauen an der Regierung und trafen sich, um eine drängende Frage zu diskutieren: Sollen Männer wählen dürfen? McClung spielte die Rolle der Premierministerin und sprach die Männer und Frauen im Publikum mit der gleichen vornehmen Herablassung an, die sie tags zuvor bei Roblin beobachtet hatte.

1916 waren die Frauen aus Manitoba die ersten kanadischen Frauen, die das Wahlrecht erhielten. McClung schrieb 1921 in ihrem Roman *Purple Springs:* »Manchmal verstehen die Leute einen Witz besser, wenn man ihn auf den Kopf stellt.«

(...) Oh nein, nein, der Mann wurde für Höheres und Heiligeres geschaffen als das Wählen.

Nellie McClung

Sollen Männer wählen dürfen? (1914)

>> Meine werten Herren der Delegation,
es ist mir ein großes Vergnügen, Sie heute begrüßen zu dürfen – wir schätzen Delegationen, und auch wenn dies das erste Mal ist, dass Sie uns um das Wahlrecht ersuchen, hoffen wir doch, es möge nicht das letzte Mal sein. (...) Wir möchten Ihnen auch unser Kompliment für Ihr ruhiges und damenhaftes Auftreten heute aussprechen. (...) Und dennoch kann ich nicht tun, worum Sie mich gebeten haben, denn alle Tatsachen sprechen gegen Sie! (...) Das Männerwahlrecht würde unsere schöne Provinz in ein Reich der Dekadenz verwandeln und ein albtraumhaft großes Loch in unseren Haushalt reißen (...) Sie verlangen von mir, Männer nicht nur in Misskredit zu bringen, sondern in Teufels Küche, und ich sage Ihnen ganz offen, das werde ich nicht tun, denn ich habe Männer immer geliebt und geschätzt.

(...) Oh nein, nein, der Mann wurde für Höheres und Heiligeres geschaffen als das Wählen. Männer wurden geschaffen, um ihre Familien zu ernähren, die das Rückgrat unserer Nation sind. Was ist ein Zuhause ohne einen Vater? Was ist ein Zuhause ohne Bankkonto? (...) Soll ich Männer vom Feld abberufen, wo sie nützlich, ja unersetzlich sind, damit sie an Straßenecken das große Wort über Dinge führen, die sie nichts angehen? (...)

Wenn Männer in den Vereinigten Staaten von Amerika wählen würden, drohte jeder Ehe die Scheidung – denn Politik verwirrt Männer. Die Folgen sind offene Rechnungen, zerstörtes Mobiliar und gebrochene Versprechen. Wenn Sie das Wahlrecht verlangen, dann verlangen Sie von mir, friedliche und glückliche Familien zu zerstören und das Leben Unschuldiger zu ruinieren, und ich sage Ihnen noch einmal ganz offen, das werde ich nicht tun. Ich bin eine altmodische Frau, ich glaube daran, dass die Ehe heilig ist.

(...) Es gibt viele traurige Beispiele für Männer in der Politik – Nero, Herodes, König Johann Ohneland. Sie sind wahrlich keine Helden, und doch sollen diese Männer unserer Jugend als Vorbild dienen. Ich frage mich, wie ein Mann angesichts solcher Beispiele auf die Idee kommen kann, das Wahlrecht zu fordern. (...) Ihre kleinen Gehirne können nicht erfassen, was es bedeutet, eine Regierung wie diese zu führen. Gehirne wie Ihre gibt es nur in Knabengröße. Und doch glauben Sie, Sie könnten mir Vorschriften machen, einer Frau, die schon die Regierungsgeschäfte geführt hat, als Sie noch im Hochstuhl saßen und mit dem Löffel auf Ihrem Blechteller herumtrommelten! (...) Mein innigster Wunsch für dieses strahlende verheißungsvolle Land ist, dass es mir lange vergönnt sein möge, sein Schicksal unter den Nationen der Erde zu lenken (...) [Ich muss] voranschreiten im festen Glauben, dass es mir lange vergönnt sein möge, die stolze Bannerträgerin der altehrwürdigen Flagge dieser altehrwürdigen Partei zu sein, die manche Schmach erlitten hat , aber – Gott sei Dank! – nie eine Niederlage!

Jutta Bojsen-Møller
Vorsitzende des Dänischen Frauenverbands
(1894–1910)

Auf dem Hügel Himmelbjerget begehen die Dänen seit mehr als 200 Jahren Ereignisse von nationaler Bedeutung. Auf seinem Gipfel steht eine große Eiche. Sie wurde 1915 gepflanzt: zur Feier einer Verfassungsreform, die allen Däninnen und zuvor nicht stimmberechtigten Dänen das Wahlrecht gewährte. Die damals 78 Jahre alte dänische Suffragette Jutta Bojsen-Møller hatte den Großteil ihres Lebens auf dieses Ziel hingearbeitet. 1908 hatte sie als Vorsitzende des Dänischen Frauenverbands dazu beigetragen, dass Frauen das Stimmrecht bei Kommunalwahlen zugestanden worden war. Als die neue Verfassung schließlich ratifiziert und das Frauenwahlrecht auf die Nationalwahlen ausgeweitet wurde, bejubelte sie das Ereignis auf der Parlamentsgalerie.

»Wir Frauen sind wohl am dankbarsten für die neue Verfassung. Für die Männer stellt sie nur eine Erweiterung dar, für uns ist sie gänzlich neu«, erklärte Bojsen-Møller in einer Rede am folgenden Tag, dem 6. Juni 1915. Das lange Ringen um das Frauenwahlrecht beschrieb sie anhand eines poetischen Bildes aus einer Geschichte des norwegischen Schriftstellers Bjørnstjerne Bjørnson: Hunderte kleiner Bäume nehmen langsam, aber stetig einen ganzen Berg ein. Wie die Bäume oben auf dem Gipfel, so Bojsen-Møllers Vergleich, haben die wahlberechtigten Frauen jetzt neue Perspektiven: wie sie auf sich selbst und den Zustand der Welt blicken und darauf, wie die Zukunft aussehen soll.

Sieg für das Stimmrecht (1915)

» Nun habe ich also das Vergnügen, sogar noch in diesem Leben, hier auf dem »Himmelsberg« [Himmmelbjerget] zu stehen. Gleich werde ich die Ehre haben, etwas oberhalb von dieser Stelle eine wunderschöne Eiche einzuweihen. Sie wurde gepflanzt, um an den gestrigen Tag zu erinnern – den Tag, der Frauen die gleichen Rechte wie Männern gewährte. Unweigerlich muss man dabei an die Geschichte des norwegischen Schriftstellers Bjørnstjerne Bjørnson über die kleinen Bäume denken, die sich vornehmen, einen Berg zu bedecken. Als sie nach einigem Widerstand – am stärksten durch den Berg selbst – den Gipfel erreichen, rufen einige von ihnen: »Sehr gut! Es stimmt froh, ans Ziel zu kommen.«

So geht es auch uns Frauen heute. Wir haben ebenfalls ein halbes Jahrhundert gekämpft, von Beginn an gegen großen Widerstand, Spott und Hohn – am heftigsten von den Frauen selbst – und jetzt endlich unser Ziel erreicht. So wie die kleinen Bäume dürfen wir nun rufen: »Wie schön! Es stimmt froh, einen Sieg zu erringen.« (...) Doch nun – nun frohlocken wir. Die Sonnenstrahlen sind wieder durchgebrochen, umso stärker und klarer, nun da man auch Frauen und Dienstboten mit einschließt; jetzt können wir wahrhaftig singen: »Niemals wird dieser Tag vergessen sein.« Das Nabelkraut auf dem Feld und die dänischen Frauen werden den 5. Juni 1915 gleichermaßen feiern.

(...) Jetzt haben wir den Berg also erklommen und blicken uns um wie die kleinen Bäume. Doch was sehen wir? Eine Welt in Flammen, voll Mord und Schrecken. Wir stimmen in die Zeilen des deutschen Journalisten Matthias Claudius im *Wandsbecker Bothen* ein: »'s ist Krieg! 's ist Krieg! – und ich begehre nicht schuld daran zu sein!« Gleichzeitig schließen wir uns aber auch Bjørnson an: »Weil wir lieber das ganze Land entflammten, als dass wir es zu Fall kommen lassen.« Doch es ist nicht ins Chaos gestürzt. Und nun, da wir Frauen wählen dürfen und, wie die Männer auch, für alles, was in unserem Vaterland geschieht, zur Verantwortung gezogen werden, lasset uns voller Tatendrang einen anderen Weg finden, um Konflikte beizulegen, als uns gegenseitig zu töten und das Land in Flammen zu setzen.

Emma Goldman
Politische Aktivistin

Als die russische Anarchistin Emma Goldman 1885 mit ihrer Schwester in New York ankam, geriet sie beim Anblick der Freiheitsstatue ins Schwärmen. »Wir waren wie beflügelt, unsere Augen füllten sich mit Tränen«, erinnerte sie sich später. Goldmans Patriotismus für ihre Wahlheimat machte sie zu einer glühenden Aktivistin. Die bestechende und überzeugende Rednerin hielt während ihres langen Lebens viele Ansprachen – sie verstand es, Menschenmengen für Arbeiterrechte, freie Rede, freie Liebe und Geburtenkontrolle (sie war eine Mentorin von Margaret Sanger, siehe Seite 62) zu begeistern.

Nachdem Präsident Woodrow Wilson 1917 begonnen hatte, Männer für den Ersten Weltkrieg einzuberufen, beteiligten sich Goldman und ihr Mitstreiter Alexander Berkman an der Gründung der Friedensinitiative No-Conscription League. Noch im selben Jahr wurden bei einer Razzia ihre Büros durchsucht. Goldman und Berkman wurden nach dem Spionagegesetz angeklagt und wegen Verschwörung zur Verhinderung der Einberufung verurteilt. Goldman wurde zu zwei Jahren Haft verurteilt und anschließend nach Russland ausgewiesen. Sie durfte sich niemals wieder in den USA niederlassen.

In ihrem Plädoyer vor der Jury verteidigte Goldman leidenschaftlich die Position eines Kriegsdienstverweigerers. »Ist er wirklich ein Drückeberger, Faulpelz oder Feigling?«, fragte sie. »Erinnern Sie sich daran, dass alle, die für Ihre Freiheiten gekämpft und dafür ihr Blut vergossen haben, zu jener Zeit auch als Gesetzesbrecher und gefährliche Unruhestifter angesehen wurden.« Sie nannte die Gründerväter »die Anarchisten ihrer Zeit« und argumentierte, dass neue Ideen oft dem Gesetz entgegenstünden: »Fortschritt ist nichts Starres. Er lässt sich nicht in eine vorgefasste Form pressen.«

Plädoyer vor der Jury (1917)

>> Meine Herren Geschworenen, wir respektieren Ihre Vaterlandsliebe. (...) Aber darf es nicht verschiedene Arten von Patriotismus geben, so wie es verschiedene Arten von Freiheit gibt? Ich für meinen Teil kann nicht glauben, dass die Liebe zum eigenen Land notwendigerweise aus Blindheit gegenüber seinen sozialen Makeln, aus Taubheit gegenüber seinen gesellschaftlichen Konflikten und aus Schweigen zu seinem sozialen Unrecht bestehen muss. (...) Ich kenne viele Menschen – ich bin eine von ihnen –, die nicht hier geboren wurden und sich auch nicht um die Staatsbürgerschaft bemüht haben und die Amerika doch tiefer und leidenschaftlicher lieben als viele Einheimische, deren Patriotismus daraus besteht, jene zu zerren, zu treten und zu beschimpfen, die nicht aufstehen, wenn die Nationalhymne gespielt wird. Unsere Vaterlandsliebe ist die eines Mannes, der eine Frau mit offenen Augen liebt. Er ist bezaubert von ihrer Schönheit und erkennt dennoch ihre Fehler. Und so lieben wir, die wir Amerika kennen, seine Schönheit, seinen Reichtum, seine großartigen Möglichkeiten (...), aber mit derselben Leidenschaft hassen wir seine Oberflächlichkeit, seine Scheinheiligkeit, seine Bestechlichkeit, seine närrische, gewissenlose Anbetung des Goldenen Kalbes. Wir sagen, wenn Amerika in den Krieg eingetreten ist, um die Demokratie in der Welt zu sichern, sollte es erst einmal die Demokratie in Amerika sichern. Wie soll die Welt Amerika ernst nehmen, wenn die Demokratie zu Hause täglich mit Füßen getreten wird. (...) Wir sagen außerdem, dass eine Demokratie, die sich durch militärische Knechtschaft und eine wirtschaftliche Versklavung der Massen am Leben hält und sich aus deren Tränen und Blut speist, überhaupt keine Demokratie ist. Das ist eine Herrschaft der Willkür, (...) und es ist laut jenes gefährlichen Schriftstücks – der Unabhängigkeitserklärung – das Recht des Volkes, sie zu stürzen.

 wennnichtichwerdann.de/16

Nancy Astor
Erste weibliche Abgeordnete im britischen Unterhaus

(1919–1945)

Zwei Jahre lang war Nancy Astor die einzige weibliche Abgeordnete im britischen Unterhaus. Die temperamentvolle und scharfzüngige Amerikanerin aus Virginia war zwar nicht die erste Frau, die ins Parlament gewählt wurde (das war Countess Markiewicz, siehe Seite 42), aber die erste, die ihr Amt antrat. Jahre später erinnerte sie sich, wie unbehaglich ihr zumute war, als sie am 24. Februar 1920 das Parlamentsgebäude betrat, um vor ihren rein männlichen Kollegen ihre Jungfernrede (die erste Rede einer Abgeordneten oder eines Abgeordneten vor dem Parlament) zu halten. Später erzählte sie, lieber hätten die Männer eine Klapperschlange empfangen. Ihre Aufregung war sicherlich noch größer, weil sie wusste, dass das Thema ihrer Rede allgemein ein äußerst unbeliebtes war. Es gehörte zu ihren Lieblingssujets: Abstinenz.

Doch Astor wusste, wie man sich Aufmerksamkeit verschafft. 1906 hatte sie Waldorf Astor geheiratet und die darauffolgenden Jahre als Dame der höheren Gesellschaft auf dem Familiensitz Cliveden gelebt. Als ihr Mann das Unterhaus verließ, um den Sitz seines Vaters im Oberhaus einzunehmen, beschloss Astor wagemutig, für seinen Sitz zu kandidieren. Sie gewann die Wahl und blieb 25 Jahre lang im Amt. Sie nutzte es, um sich für Sozialreformen starkzumachen und dafür, dass mehr Frauen als Regierungsbeamte eingestellt wurden. Sie betrachtete sich als Feministin. Nicht immer befand sie sich auf der richtigen Seite der Geschichte: In ihren späten Jahren gab sie beunruhigende antikatholische und antisemitische Äußerungen von sich. Aber sie machte dort Platz für Frauen, wo zuvor keiner war. »Sie sollten die weibliche Abgeordnete unter Ihnen nicht als Fanatikerin oder Verrückte betrachten«, sagte sie in ihrer Jungfernrede. »Ich versuche nur, für Hunderte von Frauen und Kindern im ganzen Land zu sprechen, die nicht für sich selbst sprechen können.«

Jungfernrede im Parlament

(1920)

>> Ich beginne meine Rede nicht mit der Bitte um Nachsicht. Die Nachsicht und die Höflichkeit des Hauses sind mir durchaus bewusst. Ich weiß, dass es einigen Abgeordneten sehr schwer fiel, die erste Frau hier zu empfangen. Manchen fiel das fast ebenso schwer wie der Abgeordneten selbst, hier zu erscheinen. Aber die Abgeordneten sollten keine Angst davor haben, was Plymouth hinaus in die Welt schickt. Als Drake und Raleigh sich auf ihren abenteuerlichen Weg machten, warnte sie bestimmt eine vorsichtige Person: »Tut das nicht, niemand hat das zuvor gewagt. Bleibt zu Hause und segelt in heimischen Gewässern.« Als die Pilgerväter aufbrachen, war es sicherlich genauso. Bestimmt hatten einige zurückhaltende christliche Brüder kein Verständnis dafür, dass sie in die große weite Welt hinausgingen, weil sie Gott auf ihre Weise ehren wollten. Aber im Großen und Ganzen ist die Welt durch diese abenteuerlustigen, mutigen Menschen des West Country eine bessere geworden. Und ich bin sicher, dass die Frauen auf der ganzen Welt nicht vergessen werden, dass es die kämpferischen Männer aus Devon waren, die sich trauten, die erste Frau in die Mutter aller Parlamente zu entsenden. Da ist es nur angemessen, dass sie ein wenig Mut zeigt, und mir ist durchaus bewusst, dass es Mut braucht, um vor dem Haus über ein besonders leidiges Thema zu sprechen: Alkohol. Aber ich wage es. (…) Ich glaube nicht, dass das Land reif für die Prohibition ist, aber ganz sicher ist es reif für einschneidende Alkoholreformen. [Abgeordnete: »Nein!«] Ich weiß, wovon ich rede. Und Sie müssen daran denken, dass wir Frauen nun das Wahlrecht haben und es auch ausüben wollen – und zwar auf kluge Weise; nicht zugunsten einer bestimmten Gruppe, sondern zugunsten der ganzen Gesellschaft.

 wennnichtichwerdann.de/17

Margaret Sanger
Frauenrechtlerin und Sozialreformerin

___

Über die Moral der Geburtenkontrolle (1921)

Am letzten Tag der First American Birth Control Conference, die im November 1921 in New York stattfand, wurde Margaret Sanger wegen ordnungswidrigen Verhaltens verhaftet. Eigentlich hätte sie die öffentliche Abschlussrede der Konferenz in der Town Hall halten sollen, doch als sie dort ankam, hatte die Polizei die Türen verbarrikadiert. Sanger bahnte sich einen Weg durch die Reihen der Polizisten und ergriff das Wort. Kurz darauf führte man sie ab und hielt sie über Nacht auf dem Revier fest. Eine Woche später hielt sie ihre Rede »Über die Moral der Geburtenkontrolle« schließlich im Park Theatre, und zwar vor einem deutlich größeren Publikum – zum Teil waren die Leute erst durch ihre Festnahme auf sie aufmerksam geworden.

Die beinahe 100 Jahre alte Rede Sangers, in der sie ihre Ansichten zum Thema Empfängnisverhütung ziemlich unverblümt zusammenfasste, polarisiert noch heute. Sanger, die 1916 die erste amerikanische Klinik für Geburtenkontrolle eröffnete, war der Meinung, dass jedes Kind auch gewollt sein sollte. Jede Frau sollte selbst entscheiden dürfen, ob und wie viele Kinder sie zur Welt bringt – und wann. Sanger machte sich zeitlebens leidenschaftlich für Frauenrechte stark, doch ihr Vermächtnis geriet in jüngster Zeit in die Kritik. Wie viele andere ihrer Zeitgenoss*innen verurteilt man sie für ihre rassistische Haltung und Befürwortung der Eugenik. Dennoch hallt ihr Wirken bis heute nach: 1942 gingen die Planned Parenthood Federation of America und später auch die deutsche Pro Familia aus der von Sanger gegründeten American Birth Control League hervor. Mit einer Interessenvertretung und mehr als 600 Gesundheitszentren in ganz Amerika ist Planned Parenthood heute eine der bedeutendsten Organisationen, die sich für weibliche Fortpflanzungsrechte einsetzt.

»Wir alle wissen, dass man jeder Weiterentwicklung der Frau im vergangenen halben Jahrhundert mit der Begründung entgegengetreten ist, dass sie wider die guten Sitten sei. (...) Als Frauen das Wahlrecht forderten, hieß es, das würde ihre moralischen Maßstäbe herabsetzen, und es sei nicht angemessen, dass Frauen auf Angehörige des anderen Geschlechts träfen und mit ihnen verkehrten; treffen Frauen aber in der Kirche auf ebenjene Angehörige des anderen Geschlechts, hört man keine Einwände. Die Kirche hat sich immer schon gegen die Weiterentwicklung der Frau gestellt – mit dem Argument, dass mehr Freiheit zu einem Verfall der Sitten führe. Wir fordern die Kirche auf, mehr Vertrauen in uns zu haben. Wir fordern alle, die sich unserer Bewegung entgegenstellen, auf, sich gegen die Methoden der Kirche zu wenden. Denn sie will die Sittlichkeit der Frauen bewahren, indem sie diese in Angst und Unwissenheit verharren lässt. Wir fordern eine höhere und wahrhaftigere Moral der Kirche, eine, die auf Wissen basiert. Unsere Moral basiert auf Wissen. Wenn wir den Frauen nicht das Wissen um ihren eigenen Körper zugestehen, dann behaupte ich, haben 2 000 Jahre christlicher Lehre kläglich versagt!

Wir bestehen auf das Recht, dass jeder Mann und jede Frau Zugang zu Mitteln der Empfängnisverhütung haben soll. Jeder erwachsene Mann und jede erwachsene Frau sollte wissen, was Verantwortung bedeutet, und lernen, wie er oder sie dieses Wissen richtig anwendet. Frauen sollten selbst über ihren Körper bestimmen dürfen und frei darüber entscheiden, ob sie Mutter werden möchten oder nicht. Weiter fordern wir, dass es das erste Recht eines jeden Kindes sein sollte, gewollt zu sein. Sein zweites Recht sollte es sein, in Liebe gezeugt zu werden, und sein drittes, mit gesunden Genen ausgestattet zu sein. (...)

 wennnichtichwerdann.de/18

Virginia Woolf
Autorin und Journalistin

Im Januar 1931 sprach Virginia Woolf vor der Women's Service League. Dieser Vortrag wurde unter dem Titel »Berufe für Frauen« posthum in der Sammlung *Der Tod des Falters* veröffentlicht. Zum Zeitpunkt ihrer Ansprache hatte die britische Autorin bereits einige ihrer bekanntesten Romane herausgebracht: *Mrs Dalloway*, *Zum Leuchtturm* und *Orlando*. Zudem war ihr bahnbrechendes feministisches Essay *Ein Zimmer für sich allein* veröffentlicht worden, in dem sie in poetischer Sprache die Bedeutung eines eigenen Einkommens für Frauen erläuterte. Laut Woolf, die selbst über ein kleines Erbe verfügte, eröffnet finanzielle Unabhängigkeit den nötigen Freiraum und die Freiheit, um kreativ und schöpferisch tätig zu werden.

In »Berufe für Frauen« untersucht Woolf die subtilen Mechanismen der weiblichen Selbstzensur. Sie stoße, so schreibt sie, beim Schreiben regelmäßig an etwas Hartes: das zu ihrer Zeit weitverbreitete Idealbild der viktorianischen Frau. Sie nennt es scherzhaft »Engel im Haus«. Mit Engelszungen rede diese Gestalt auf Woolf ein, rate ihr zu Schmeichelei, Sanftmut und Selbstaufopferung, aber vor allem dringend davon ab, die Wahrheit zu sagen. Später setzt sich Woolf mit diesem inneren Konflikt auseinander – ein Kampf, den sie gewinnen musste, um aufrichtig schreiben zu können. Rein äußerlich betrachtet, sei es für Männer und Frauen gleichermaßen schwierig, ein Buch zu schreiben, bemerkt sie. Aber Phantome wie Woolfs Engel lauern im Inneren. Eine Frau müsse ihre verinnerlichten Vorurteile überwinden, um ihre eigene Stimme zu finden, so Woolf.

Berufe für Frauen (1931)

》 Was könnte leichter sein, als Artikel zu verfassen und von dem Erlös Perserkatzen zu kaufen? Doch, Moment. Artikel müssen ein Thema haben. Wenn ich mich recht entsinne, ging es in meinem um den Roman eines berühmten Mannes. Und während ich die Besprechung schrieb, fiel mir auf, dass ich, wollte ich Bücher besprechen, ein bestimmtes Phantom bekämpfen müsste. Dieses Phantom war eine Frau, die ich, nachdem ich sie eingehender kennengelernt hatte, auf den Namen der Heldin des berühmten Gedichts »Engel im Haus« taufte. Diese Frau nämlich schob sich damals regelmäßig zwischen mich und mein Blatt, wenn ich Besprechungen schreiben wollte. Sie nörgelte an mir herum und raubte mir die Zeit und quälte mich dermaßen, dass ich sie schließlich tötete. Sie, die Sie einer jüngeren und glücklicheren Generation entstammen, mögen noch nicht von ihr gehört haben – vielleicht wissen Sie gar nicht, was ich mit dem »Engel im Haus« meine. Ich werde diese Gestalt so knapp wie möglich beschreiben. Sie war ausnehmend verständnisvoll. Sie war ungeheuer liebenswürdig. Sie war vollkommen selbstlos. Die schwierige Kunst des Familienlebens meisterte sie vortrefflich. Täglich opferte sie sich auf. Gab es Hühnchen, wählte sie den Schenkel; wenn es zog, setzte sie sich direkt in die Zugluft – kurzum, sie war so beschaffen, dass sie niemals eine eigene Meinung oder eigene Bedürfnisse hatte, sondern es stets vorzog, sich nach der Meinung und den Bedürfnissen anderer zu richten. Vor allem – das versteht sich von selbst – war sie rein. Ihre Reinheit sollte der wichtigste Aspekt ihrer Schönheit sein – das Erröten ihr größter Liebreiz. (...) Begann ich mit dem Schreiben, begegnete ich ihr schon bei den allerersten Worten. Der Schatten ihrer Flügel fiel auf mein Blatt; ich hörte im Zimmer ihre Röcke rascheln. Kaum dass ich die Feder ergriffen hatte, um über den Roman eines berühmten Mannes zu schreiben, schlich sie sich hinter mich und flüsterte: »Meine Liebe, Sie sind eine junge Frau. Aber Sie schreiben über ein Buch, das von einem Mann verfasst wurde. Seien Sie verständnisvoll, seien Sie zärtlich, schmeicheln, täuschen, arbeiten Sie mit der geballten List und Tücke unseres Geschlechts. Geben Sie ja nicht zu erkennen, dass Sie eine eigene Meinung haben. Und vor allem, seien Sie rein.« Und dann versuchte sie, mir die Feder zu führen (...), ich stürzte mich auf sie und ging ihr an die Gurgel. Ich bemühte mich nach Leibeskräften, sie zu töten. Mein Plädoyer, hätte man mich vor Gericht gestellt, hätte gelautet: Ich handelte in Notwehr. Wäre ich ihr nicht zuvorgekommen, sie hätte mich umgebracht. Sie hätte meinem Schreiben das Herz ausgerissen.

**Ich handelte
in Notwehr. Wäre ich
ihr nicht zuvorgekommen,
sie hätte mich umgebracht.
Sie hätte meinem Schreiben
das Herz ausgerissen.**

―――――

Virginia Woolf

Huda Sha'arawi
Frauenrechtsaktivistin

Die ägyptische Feministin Huda Sha'arawi wuchs in Kairo noch im Harem unter den Frauen ihres Vaters auf. Es waren die letzten Jahre eines Systems, das sich auf uralte Traditionen berief. 1879 in eine wohlhabende Oberschichtfamilie hineingeboren, musste sie in der Öffentlichkeit Schleier tragen und im Alter von 13 Jahren einen älteren Cousin heiraten. Sie besaß einen unbändigen Wissensdurst und entwickelte den Wunsch nach Eigenständigkeit. Das lag vor allem an ihrer Ausbildung durch Privatlehrerinnen und an den sieben Jahren, die sie getrennt von ihrem Ehemann verbrachte – beides war ungewöhnlich für diese Zeit. Als 1919 die ägyptische Revolution ausbrach, übernahm sie dabei eine aktive Rolle. Sie organisierte Demonstrationen gegen die britische Kolonialmacht und wurde Präsidentin einer nationalistischen Frauenvereinigung. 1923 reiste Sha'arawi nach Rom, um an der Konferenz der International Alliance of Women teilzunehmen. Bei ihrer Rückkehr nach Kairo wurde sie von einer Gruppe von Frauen erwartet, vor denen sie demonstrativ ihren Schleier ablegte – ihre Art auszudrücken, dass für die ägyptischen Frauen eine neue Ära begonnen hatte.

Sha'arawi kämpfte viele Jahre für Frauenrechte und hatte unter anderem die Egyptian Feminist Union gegründet. 1944 sprach sie auf der ersten Arab Feminist Conference in Kairo. Kurze Zeit später beteiligte sie sich an der Gründung der Arab Feminist Union. Mit mutigen Worten erläuterte Sha'arawi die Forderungen der arabischen Feministinnen und wie ihr Weg in die Zukunft aussehen könnte. Die *Scharia*, das islamische Gesetz, gestehe Frauen dieselben Rechte zu wie Männern, argumentierte sie. Frauen seien nur deshalb nicht gleichberechtigt, weil Männer ihre Privilegien missbrauchten. Sie forderte, den Frauen wieder ihre Rechte zuzugestehen.

Rede auf der Arab Feminist Conference
(1944)

>> Meine Damen und Herren, die arabische Frau hat ebenso viele Pflichten und Aufgaben wie der arabische Mann. Sie wird keinesfalls akzeptieren, dass die Ungleichbehandlung der Geschlechter, die fortschrittliche Länder bereits abgeschafft haben, im 20. Jahrhundert fortbesteht. Die arabische Frau lässt sich nicht in Ketten legen und versklaven. Sie wird nicht für die Fehler bezahlen, die Männer begangen haben und die sich auf die nationale Rechtslage und die Zukunft ihrer Kinder auswirken. Die Frauen fordern vehement ihre politischen Rechte zurück – Rechte, die ihnen die *Scharia* gewährt und die sie in der Gegenwart brauchen. Die fortschrittlichen Nationen haben erkannt, dass sich Mann und Frau zueinander verhalten wie Hirn und Herz im Körper: Sind diese beiden Organe nicht im Gleichgewicht, gerät der ganze Körper durcheinander. Ebenso verhält es sich, wenn im Staat das Gleichgewicht zwischen den beiden Geschlechtern gestört ist: Er bröckelt und bricht zusammen. In den fortschrittlichen Ländern (...) gilt mittlerweile die rechtliche Gleichheit der Geschlechter in allen Bereichen – und das obwohl ihre religiösen und staatlichen Gesetze dem Islam hinsichtlich der Gleichberechtigung der Frau noch in vielem nachstehen. (...) Der Frau wurde vom Schöpfer das Recht gewährt, einen Nachfolger des Propheten zu wählen, aber ein männliches, von Gott geschaffenes Wesen verwehrt ihr das Recht, Abgeordnete bei einer Kreis- oder Bezirkswahl zu wählen. Gleichzeitig aber darf ein Mann, der womöglich ungebildeter und unerfahrener ist als die Frau, dieses Recht ausüben. Sie ist die Mutter, die den Mann geboren, ihn erzogen und geleitet hat. Die *Scharia* (...) stellt sie dem Mann hinsichtlich aller Rechte und Pflichten gleich, selbst bei Verbrechen, die beide Geschlechter begehen können. Doch der Mann, alleiniger Herr über das Gesetz, gesteht nur sich selbst das Recht zu, Gesetze zu erlassen und zu regieren. Großzügig überträgt er seinen Anteil an Pflichten und Verpflichtungen seiner Partnerin – ohne sie zu fragen, ob ihr diese Aufteilung recht ist. Heute fordert die Frau die Rechte zurück, die ihr genommen wurden, und sie gibt dem Mann die Pflichten und Verpflichtungen zurück, die er an sie delegiert hat. Das ist Gerechtigkeit, meine Herren. In gleicher Weise fordert der arabische Mann die Rechte wieder ein, die ihm von den anderen entrissen wurden. Er wäre wohl kaum so habgierig, der Frau ihre eigenen gesetzlichen Rechte zu verwehren – umso mehr, da er am eigenen Leib erfahren hat, wie bitter es ist, seiner Rechte beraubt zu werden.

Die Frauen fordern vehement ihre politischen Rechte zurück – Rechte, die ihnen die *Scharia* gewährt und die sie in der Gegenwart brauchen.

Huda Sha'arawi

Funmilayo Ransome-Kuti
Politische Aktivistin und Frauenrechtlerin

Mitte der 1940er-Jahre erlangte Funmilayo Ransome-Kuti große Bekanntheit als eine der stärksten Fürsprecherinnen der nigerianischen Frauen. Die britische Kolonialmacht, die das Land besetzt hielt, war durch den Zweiten Weltkrieg finanziell angeschlagen und erhob Steuern von den nigerianischen Marktfrauen. In der Stadt Abeokuta im Südwesten Nigerias litten die Frauen unter den neuen Steuersätzen und der willkürlichen Konfiszierung ihrer Waren durch den Alake, dem von den Briten unterstützten König der Stadt. Ransome-Kuti, damals Lehrerin am Gymnasium von Abeokuta, verfolgte das Geschehen aufmerksam. Sie mobilisierte die Marktfrauen unter dem Banner der Abeokuta Women's Union (AWU) und plante Massendemonstrationen, von denen einige fast 10 000 Menschen auf die Straße brachten. Unter dem wachsenden Druck dankte der Alake 1949 ab, und die Steuer wurde geändert.

Was als lokale Initiative begonnen hatte, wurde bald zu einer nationalen Bewegung. Aus der AWU ging 1949 die Nigerian Women's Union (NWU) hervor. Im ganzen Land entstanden Ortsverbände. Auf ihrem Höhepunkt zählte die NWU 20 000 Mitglieder. Ransome-Kuti, eine geborene Anführerin und wortgewandte Rednerin, reiste viel herum, um möglichst viele Frauen zum Handeln zu bewegen. Häufig wirkte sie bei der Gründung von NWU-Ortsverbänden mit. In »Ein Gespräch über Frauen«, das vermutlich von 1949 stammt, wendet sie sich direkt an die Eltern von Mädchen und bittet sie, ihren Töchtern dieselbe Ausbildung wie ihren Söhnen zu ermöglichen. Ransome-Kuti war selbst Mutter von drei Söhnen – darunter der Erfinder des Afrobeats, Fela Kuti – und einer Tochter. Später schloss sie sich Nigerias Unabhängigkeitsbewegung an und blieb bis zu ihrem Tod 1978 eine entschiedene Verfechterin der Frauenrechte.

Ein Gespräch über Frauen

(ca. 1949)

» Wie schön wäre es, wenn unsere Frauen die gleichen Chancen wie Männer hätten. Eltern, die genug Geld haben, dass ihr Kind eine gute Bildung bekommt, würden lieber ihren Sohn in die Schule schicken. Denn sie glauben, er würde ein großes Gehalt beziehen, wenn er die Schule verlässt und eine Stelle annimmt. (...) Die armen Töchter dieser Eltern werden vernachlässigt und bleiben ungebildet, weil die Eltern glauben, dass jede Art von Bildung unrentabel wäre und ohnehin in der Küche endet. Diese Art zu denken, die es seit recht langer Zeit gibt, ist schuld am Zustand der Frauen heute. Diese armen Mädchen werden letztendlich in den Hintergrund gedrängt, versklavt und geschwächt, sie bleiben ungebildet und unwissend, sie werden zum Schweigen gebracht und im Dunkeln unterdrückt. Sie sind überarbeitet und unterernährt, trotzdem beschweren sie sich nicht, weil sie nicht wissen, dass sie das Recht dazu haben. Eine Ehefrau ist nie eine Gefährtin, sondern eine Sklavin. Da es kein Land gibt, das für sein Frauenvolk eintritt, rufe ich in diesem kleinen Artikel die Eltern auf, ihren Töchtern die gleiche Chance zu geben wie ihren Söhnen. Ich rufe auch die Männer auf, sich bitte hinter die Frauen zu stellen und mit ihnen zusammenzuarbeiten, um sie aus ihrem gegenwärtigen Zustand zu erlösen. Ich sage auch den Frauen: »Es ist nie zu spät, etwas zu ändern« und »Rom wurde nicht an einem Tag erbaut«. Wir Frauen, die heute im Hintergrund stehen, können morgen im Rampenlicht sein. Aber auch die Frauen sollten sich bemühen, sich Wissen über alles Mögliche anzueignen, von überall und von jedem. Sie sollten versuchen, das Beste aus allem zu ziehen, was ihnen begegnet. (...) Es liegt so viel Arbeit vor uns, bevor wir tüchtig unseren Platz neben den anderen Frauen dieser Welt einnehmen können: im Sozialen, in der Erziehung, der Wirtschaft und so weiter, und, so Gott will, werden wir das.

Funmilayo Ransome-Kuti

Eva Perón
Politische Persönlichkeit, Schauspielerin und First Lady von Argentinien (1946–1952)

1951 stand eine ganze Nation im Bann von Eva Perón, besser bekannt als Evita. In armen Verhältnissen und vaterlos aufgewachsen, machte sie erfolgreich Karriere in Film und Funk in Buenos Aires, bevor sie den politischen Hoffnungsträger Juan Perón heiratete. Kurz darauf wurde sie First Lady von Argentinien.

Am Präsidentschaftswahlkampf ihres Mannes hatte Perón 1946 aktiv teilgenommen. Sie nutzte ihre Radiosendung als Plattform, um seine Botschaft zu verbreiten, und zeigte sich – für die damalige Zeit ungewöhnlich – bei Kundgebungen an seiner Seite. 1947 reiste sie als Repräsentantin Argentiniens auf Charmeoffensive durch Europa und erschien auf dem Cover des *Time Magazine*. Perón organisierte die erste politische Partei für Frauen in Argentinien, die Peronistische Frauenpartei, die sich später als entscheidend für ihren Gatten erwies (die argentinischen Frauen erhielten 1947 das Wahlrecht). Bald konnte ihre Popularität es mit der ihres Mannes aufnehmen, und sie erwog ernsthaft, für die Vizepräsidentschaft zu kandidieren, wie es sich ihre Anhänger erhofften.

Doch es waren andere Kräfte am Werk. Perón erkrankte an einer aggressiven Form von Gebärmutterhalskrebs. Zu dem Zeitpunkt, als sie am 17. Oktober 1951 vor ihren Unterstützern sprach – liebevoll *descamisados* oder »Hemdlose« genannt –, konnte sie sich kaum auf den Beinen halten. In einer leidenschaftlichen Rede berührte sie die Themen, die ihr die Bewunderung der ärmeren Bevölkerung Argentiniens eingebracht hatten: Selbstlosigkeit, loyales Einstehen für die Vision ihres Mannes und Liebe zu ihrem Volk. »Meine *descamisados*: Ich wollte euch vieles sagen, aber die Ärzte haben mir verboten zu sprechen«, sagte sie. »Ich habe euch in meinem Herzen, und es ist mein fester Wunsch, bald wieder zurück im Kampf zu sein, mit mehr Kraft und Liebe, um für dieses Volk einzutreten, das ich so sehr liebe, wie ich Perón liebe.«

Rede an die *Descamisados*
(1951)

>> (...) Zu Perón, der mich mit der höchsten Auszeichnung ehren wollte, die einem Peronisten an diesem besonderen Tag gewährt werden kann, sage ich: Selbst wenn ich mein Leben geben würde, könnte ich nicht wiedergutmachen, wie gut Sie immer zu mir waren und weiter sind. Nichts von dem, was ich habe, nichts von dem, was ich bin, nichts von dem, was ich denke, gehört mir: Es gehört Perón. Ich werde Ihnen nicht die üblichen Lügen erzählen: Ich werde nicht sagen, dass ich das hier nicht verdiene. Ja, ich verdiene es, mein General. Ich verdiene es aufgrund einer einzigen Sache, die mehr wert ist als alles Gold der Welt: Ich verdiene es wegen allem, was ich aus Liebe zu diesem Volk getan habe. Ich bin nicht wichtig wegen dem, was ich getan habe; ich bin nicht wichtig wegen dem, auf das ich verzichtet habe; ich bin nicht wichtig wegen dem, was ich bin oder was ich habe. Ich habe nur eine einzige Sache, die zählt, und die habe ich in meinem Herzen. Sie entflammt meine Seele, zerreißt mein Fleisch und brennt in jeder Faser meines Körpers: Die Liebe zu diesem Volk und zu Perón. (...) *Compañeros*, heute bitte ich nur um eines: Lasst uns alle öffentlich geloben, Perón zu verteidigen und bis zum Tod für ihn zu kämpfen. Lasst uns unser Versprechen (...) herausschreien, damit unser Schrei bis in den letzten Winkel der Erde dringt: Unser Leben für Perón! (...) Mein Ruhm ist und wird immer Peróns Schild und die Fahne meines Volkes sein, und auch wenn ich Fetzen meines Lebens am Wegesrand zurücklasse, weiß ich doch, dass ihr meinen Namen aufsammeln und als Banner zum Sieg tragen werdet. Gott ist mit uns, das weiß ich, denn er ist mit den Demütigen und verachtet den Hochmut der Oligarchie. Deshalb wird der Sieg unser sein. Früher oder später werden wir ihn erringen, was immer es auch kostet, wer immer auch fallen mag.

Helen Keller
Politische Aktivistin und Autorin

Das Leben und Vermächtnis von Louis Braille (1952)

Helen Kellers Leben veränderte sich auf dramatische Weise, als sie mit nur 19 Monaten durch eine Krankheit ihr Hör- und Sehvermögen verlor. Dank ihrer außergewöhnlichen Willensstärke und der unermüdlichen Unterstützung ihrer langjährigen Lehrerin und Begleiterin Anne Sullivan erlernte sie das Tastalphabet und später die Brailleschrift. 1904 erwarb Keller am Radcliffe College, einem Schwester-College der Harvard University, als erster taubblinder Mensch ihren Bachelor of Arts. Im Laufe ihres langen Lebens (sie wurde weit über 80) war sie eine leidenschaftliche Aktivistin, die viel reiste, um sich für Blinde, aber auch für den Sozialismus, den Pazifismus und die Frauenrechte einzusetzen. Die überaus produktive Autorin schrieb den Essayband *Mein Weg aus dem Dunkel*, in dem sie ihre Ansichten zum Sozialismus darstellt, sowie mehrere Bücher über sich, darunter ihre Autobiografie *Die Geschichte meines Lebens*.

1952 fuhr Keller nach Paris, um an der Feier zum 100-jährigen Todestag von Louis Braille teilzunehmen. Ihr wurde der Orden Chevalier de la Légion d'Honneur verliehen. In ihrer Dankesrede wandte sie sich auf Französisch an das Publikum an der Sorbonne und erreichte so die vielen Menschen, die gekommen waren, um sie zu hören. »Schauen Sie sich die starke Solidarität an, die schon jetzt Blinde auf der ganzen Welt verbindet«, sagte sie. »Dies ist wahrlich ein Symbol für all die Jahre, in denen Blinde das Dunkel durchbrechen konnten, weil in ihnen die Flamme menschlichen Wissens leuchtete.« 1964, wenige Jahre vor ihrem Tod, erhielt sie die Presidential Medal of Freedom, eine der höchsten Auszeichnungen der Vereinigten Staaten für zivile Personen.

»Herr Präsident, Professoren, meine Damen und Herren, ich bin tief berührt von der Ehre, die Sie mir haben zuteilwerden lassen. Ich kann nicht umhin, zu denken, dass diese Ehre nicht irgendeiner meiner Leistungen gilt, sondern vielmehr der Ermutigung der Blinden und Tauben allgemein, die ich repräsentiere.

Im Namen aller Blinden dieser Welt danke ich Ihnen aus tiefstem Herzen für die großzügige Anerkennung der Würde und der Bemühungen all jener, die sich ihren Einschränkungen nicht beugen wollen. Auf unsere Weise sind wir, die Blinden, Louis Braille so zu Dank verpflichtet wie die Menschheit Gutenberg. Es stimmt, dass das Punktsystem sich stark von herkömmlichen Druckverfahren unterscheidet, aber die erhobenen Buchstaben sind unter unseren Fingern kostbare Samen, aus denen unsere intellektuelle Ernte sprießt. Wie lückenhaft und chaotisch wäre unsere Ausbildung ohne das Braillesystem! Hinter düsteren, trostlosen Türen gefangen, müssten wir auf die unermesslichen Schätze der Literatur, Philosophie und Wissenschaft verzichten. Als wären sie ein Zauberstab, brachten die sechs Punkte von Louis Braille Schulen hervor, wo uns geprägte Bücher wie Schiffe in die Häfen der Bildung, in Bibliotheken und andere Ausdrucksmittel bringen, die unsere Unabhängigkeit gewährleisten.

Schauen Sie sich die starke Solidarität an, die Blinde schon jetzt auf der ganzen Welt verbindet, und wie sie – dank der internationalen Brailleschrift – begonnen haben, Worte der Verbundenheit untereinander und mit der Menschheit auszutauschen. Dies ist wahrlich ein Symbol für all die Jahre, in denen Blinde das Dunkel durchbrechen konnten, weil in ihnen die Flamme menschlichen Wissens leuchtete.

Eleanor Roosevelt
First Lady der Vereinigten Staaten und Diplomatin

Die Vereinten Nationen als Brücke (1954)

Eleanor Roosevelts politische Karriere, die von ihrer direkten Art geprägt war, dauerte auch nach dem Tod ihres Mannes Franklin D. Roosevelt an, der von 1933 bis 1945 der 32. Präsident der Vereinigten Staaten war. Die Rolle der First Lady deutete sie in eine aktive und einflussreiche Führungsposition um. Sie sprach sich öffentlich gegen Rassendiskriminierung und Menschenrechtsverletzungen aus und übernahm häufig Rednerverpflichtungen ihres Mannes. 1945, in Franklins Todesjahr, berief Präsident Harry Truman Eleanor Roosevelt in die erste US-Delegation für die Vollversammlung der Vereinten Nationen. Diese Rolle führte sie bis 1952 aus. Zwei Jahre darauf wurde sie zur Vorsitzenden der neu gebildeten UN-Menschenrechtskommission gewählt, in der sie über die Ausarbeitung eines wegweisenden Dokuments wachte: der Allgemeinen Erklärung der Menschenrechte.

Als sie die Erklärung 1948 vor der UNO präsentierte, sagte Roosevelt, sie hoffe, man werde die Erklärung künftig wie die britische Magna Carta oder die Bill of Rights der US-Verfassung wahrnehmen: als Richtschnur von moralischer Autorität. In vieler Hinsicht haben sich ihre Hoffnungen erfüllt: Die Erklärung wurde in über 500 Sprachen übersetzt und hat zahllose Gesetzesentwürfe beeinflusst. Zu Roosevelts Lebzeiten war sie jedoch noch ein hoffnungsvolles Experiment, das sich, wie die junge UNO selbst, erst noch bewähren musste. 1954 ging sie in einer Rede an der Brandeis University in Massachusetts auf den öffentlichen Verdruss über die Vereinten Nationen ein. Auf dem Höhepunkt der McCarthy-Ära und der Angst vor der Sowjetunion erinnerte Roosevelt ihre Zuhörer daran, dass Fortschritt stufenweise vonstatten geht und dass »ein Gespräch großen Wert haben kann; man kann es sich als Brücke vorstellen«. »Stellen Sie sich die Vollversammlung der Vereinten Nationen als einen Ort vor«, sagte sie, »wo Brücken zwischen Völkern gebaut werden.«

》》 Wir US-Amerikaner sind ein ungeduldiges Volk. Wir wollen bereits am nächsten Tag Resultate sehen. Manchmal bin ich mir nicht sicher, ob ein geduldigeres Volk einem anderen nicht überlegen ist. Wer zu schnell nach vorne prescht, erleidet oft Rückschläge. Bei den Vereinten Nationen kommen Menschen aus Kulturen zusammen, die seit Generationen bestimmte Sitten und Bräuche pflegen. Manche macht das ungeduldig. Wir sollten gelegentlich daran denken, dass andere Menschen ihren Weg für den besten halten, und nicht unseren. Es gibt Dinge, die wir von anderen Menschen lernen können. Die Grundlage für jede Form des Verständnisses ist die Bereitschaft zu lernen und die Bereitschaft zuzuhören. (...) Wenn wir auf die Misserfolge der Vereinten Nationen blicken, sollten sie uns nicht entmutigen – wenn wir uns den Misserfolg ansehen und daraus lernen, werden wir diesen Apparat besser und besser nutzen. Zudem werden wir eine wichtige Sache begreifen, und zwar dass kein Apparat läuft, wenn Menschen ihn nicht zum Laufen bringen. Und in einer Demokratie wie der unseren ist es das Volk, das seinen Repräsentanten sagen muss, was sie tun sollen. Und indem jeder von uns individuell Verantwortung übernimmt, wird das den Apparat der Vereinten Nationen wirklich zum Laufen bringen. Wenn wir das nicht akzeptieren und unsere Aufgabe nicht erledigen, versagen wir möglicherweise – aber das liegt in unserer Hand. Und ich denke, das ist das Wesentliche, an das wir uns heute erinnern sollten. Wir sind die stärkste Nation der Welt. (...) Und wir führen nicht nur durch militärische und wirtschaftliche Stärke, sondern wir führen auch mit dem Wissen, was unsere Werte sind, was die Dinge sind, an die wir glauben, und durch die Bereitschaft, sie einzulösen, und die Bereitschaft zu akzeptieren, dass wir mit ihrer Einlösung uns selbst helfen, aber auch der Welt.

Shirley Chisholm
Abgeordnete im US-Repräsentantenhaus
(1969–1983)

Als sich Shirley Chisholm 1969 leidenschaftlich dafür einsetzte, dass das Equal Rights Amendment (der Zusatzartikel für Gleichberechtigung) in die Verfassung der Vereinigten Staaten aufgenommen werde, tat sie dies als erste schwarze Frau, die je ins US-Repräsentantenhaus gewählt wurde. Der Zusatzartikel war bereits 1921 ausgearbeitet worden – und er fristet bis heute ein trauriges Dasein. Seine Befürworter hatten damals eine Gesetzesänderung vor Augen, die allen amerikanischen Bürgern unabhängig von ihrem Geschlecht dieselben Rechte zusichern würde. Betroffen waren unter anderem Gesetze zu Ehe und Scheidung sowie zur Sicherheit am Arbeitsplatz. In den späten 1960er-Jahren bekam der Änderungsantrag durch die frisch gegründete National Organization for Women einen neuen Impuls, und Chisholm übernahm eine führende Rolle.

In glasklaren Worten zählte Chisholm dem Abgeordnetenhaus die Vorurteile auf, denen schwarze Frauen am Arbeitsplatz ausgesetzt waren. Dabei stellte die Tochter karibischer Einwanderer einen Zusammenhang zwischen Sexismus, Vorurteilen und ethnischer Diskriminierung her. Ihr ausgeprägtes Gerechtigkeitsempfinden wird besonders deutlich, wenn sie auf Statistiken zu sprechen kommt: »Nur zwei Prozent aller Führungspositionen sind mit Frauen besetzt – das hat noch nicht mal Alibifunktion.« Keine einzige Frau sitze im Supreme Court, unter den Senatoren gebe es nur eine einzige und unter den Kongressabgeordneten gerade einmal zehn Frauen. »Das ist haarsträubend, wenn man bedenkt, dass es in den Vereinigten Staaten 3,5 Millionen mehr Frauen gibt als Männer«, so Chisholm.

14 Jahre lang vertrat Chisholm ihren im Bundesstaat New York gelegenen Wahlbezirk im US-Repräsentantenhaus. 1972 kandidierte sie nicht nur als erste Schwarze, sondern auch als erste Frau für die Nominierung als Präsidentschaftskandidatin der Demokraten. Ihr Wahlslogan für den Kongress traf den Nagel auf den Kopf: »Unbought and Unbossed« (etwa: ungekauft und unbeherrschbar).

Gleiche Rechte für Frauen (1969)

» Sehr geehrter Herr Vorsitzender, wenn eine junge Frau heute das College abschließt und sich nach ihrer ersten Arbeitsstelle umsieht, dann hat sie sehr wahrscheinlich eine frustrierende, vielleicht sogar erniedrigende Erfahrung vor sich. »Können Sie tippen?« wird wohl die erste Frage lauten, die man ihr beim Vorstellungsgespräch stellt. Hinter dieser Frage verbirgt sich ein ausgeklügeltes System diffuser Vorurteile. Warum können Frauen Sekretärinnen, Bibliothekarinnen und Lehrerinnen werden, wenn es gleichzeitig absolut inakzeptabel ist, dass sie Posten als Managerinnen, Verwaltungsangestellte, Ärztinnen, Anwältinnen oder Kongressabgeordnete anstreben?

Dahinter liegt die stillschweigende Annahme, dass Frauen anders seien. Dass sie keine Begabung für leitende Positionen hätten, nicht strukturiert denken könnten, labil seien, keine Führungsqualitäten besäßen und überhaupt viel zu emotional seien. Unsere Gesellschaft kennt dieses Phänomen; lange genug haben wir zugesehen, wie eine andere Minderheit diskriminiert wurde, nämlich die schwarze Bevölkerung, und zwar auf derselben Grundlage: weil sie anders, ja, minderwertig seien.

Als ein Mensch mit dunkler Hautfarbe sind mir rassistische Vorurteile vertraut. In der Politik aber bin ich tatsächlich viel öfter diskriminiert worden, weil ich eine Frau bin – nicht weil ich schwarz bin. (...) Derart tief sitzende Probleme kann man nicht über Nacht durch Gesetze lösen. Aber Gesetze helfen, die zu schützen, die am schlimmsten misshandelt werden, und einen Wandel anzustoßen, indem man die einfältige Mehrheit dazu zwingt, über ihre unbewusste Haltung nachzudenken.

Aus diesem Grund möchte ich dem Kongress heute erneut einen Zusatzartikel vorlegen, den er im Laufe der letzten 40 Jahre immer wieder abgelehnt hat, der aber früher oder später unweigerlich ins Grundgesetz unseres Landes aufgenommen werden muss: den Zusatzartikel für Gleichberechtigung.

(...) Dass es Diskriminierung gibt, ist offensichtlich. Frauen haben de facto nicht dieselben Chancen wie Männer. Und eine Frau, die sich nicht in das System einfügt, die versucht, eingefahrene Muster zu durchbrechen, wird als »merkwürdig«, als »unweiblich« abgestempelt. (...) Wir brauchen Gesetze zum Schutz der arbeitenden Bevölkerung, Gesetze, die eine angemessene Bezahlung, sichere Arbeitsbedingungen, Schutz vor Krankheitsausfällen und Kündigungen (...) garantieren. All diese Dinge brauchen Männer und Frauen gleichermaßen. Dass ein Geschlecht besser geschützt werden muss als das andere, entspringt dem Mythos von der männlichen Überlegenheit, der genauso lächerlich und unwürdig ist wie der Überlegenheitsmythos mancher Weißer, von dem sich die Gesellschaft gerade befreien will.

 wennnichtichwerdann.de/25

Und eine Frau, die sich nicht in das System einfügt, die versucht, eingefahrene Muster zu durchbrechen, wird als »merkwürdig«, als »unweiblich« abgestempelt.

Shirley Chisholm

Ruth Bader Ginsburg
Richterin am Supreme Court
(seit 1993)

Als Ruth Bader Ginsburg 1956 ihr Jurastudium in Harvard aufnahm, war sie eine von nur neun Frauen unter 500 männlichen Kommilitonen. Jahre später hielt sie als Professorin an der Rutgers Law School 1970 eines der landesweit ersten Seminare zum Thema Frauen und Recht (es gab kaum Forschung, auf die sie sich beziehen konnte). Bald darauf gab sie gezielt Stellungnahmen zu Fällen ab, die ihrer Meinung nach dazu beitragen würden, Geschlechterdiskriminierung im öffentlichen Leben zu beseitigen. Sie wollte die Gerichte davon überzeugen, dass das Geschlecht ebenso wie die Hautfarbe ein Diskriminierungsmerkmal darstellt – und somit vor Gericht die höchsten Prüfungsmaßstäbe erfordert.

1973 widmete sich Ginsburg dem Fall *Frontiero gegen Richardson*. Sharron Frontiero, Offizierin der Air Force, konnte für ihren unterhaltsberechtigten Ehemann nicht die gleichen Sozialleistungen geltend machen, wie es für unterhaltsberechtigte Frauen männlicher Offiziere möglich war. In einer bewegenden Stellungnahme vor dem Supreme Court zeigte Ginsburg auf, wie geschlechtsspezifische Gesetze die Stellung der Frau schwächen. Dabei führte sie auch ein historisches Zitat der Sklavereigegnerin Sarah Grimké an, der Schwester von Angelina (siehe Seite 20). Das Gericht entschied zugunsten von Frontiero. »Zweifellos besitzt unser Land eine lange und unerfreuliche Geschichte der Geschlechterdiskriminierung«, schrieb Richter William Brennan in seiner Urteilsbegründung. »Bislang verklärte man diese Diskriminierung gemeinhin zu einem ›romantischen Paternalismus‹. Doch de facto wurden die Frauen dadurch nicht auf ein Podest gehoben, sondern in einen Käfig gesteckt.«

Stellungnahme im Fall *Frontiero gegen Richardson* (1973)

» Das Geschlecht ist ebenso wie die Hautfarbe ein sichtbares, unabänderliches Merkmal, das nicht zwingend etwas über die Leistungsfähigkeit aussagt. (…) Frauen sind in der Arbeitswelt heutzutage einer Diskriminierung ausgesetzt, die genauso tief greifend, doch sogar noch subtiler ist als die Diskriminierung von Minderheiten.

In der Berufsausbildung wie bei der höheren Bildung gelten für Frauen weiterhin restriktive Quoten, die für andere Bevölkerungsgruppen nicht mehr wirksam sind. Frauen haben in der Legislative, der Exekutive sowie in den Gerichten des Bundes und der Staaten keine höheren Beamtenpositionen inne. Sie werden nicht in Bundes-, Staats- und Kommunalregierungen berufen. Das ist offenkundig. (…) Der Faktor Geschlecht wirkt stigmatisierend, wenn Frauen, wie im Fall Goesaert gegen Cleary 335 US, einen Beruf nicht ausüben dürfen, weil man Männer für geeigneter hält. Der Faktor Geschlecht wirkt stigmatisierend, wenn die Arbeitszeit ausschließlich für Frauen begrenzt wird. (…) Der Faktor Geschlecht wirkt stigmatisierend, wenn (…) vorausgesetzt wird, dass alle Frauen mit Hausarbeit und Kindererziehung beschäftigt sind, und ihnen deshalb die wesentliche staatsbürgerliche Pflicht erspart werden soll, als Geschworene zu dienen. Die Folgen dieser Ausgrenzungen sind die gleichen. Sie tragen dazu bei, Frauen kleinzuhalten, deutlich kleiner als die Männer in unserer Gesellschaft. Mit der Bitte an das Hohe Gericht, das Geschlecht als Diskriminierungsmerkmal anzuerkennen, bringe ich als Amicus Curiae einen Standpunkt vor, der bereits 1837 von Sarah Grimké mit Nachdruck formuliert wurde. (…) Sie sagte: »Ich verlange keine Privilegien für mein Geschlecht. Ich verlange lediglich von unseren Brüdern, dass sie den Fuß von unserem Nacken nehmen.«

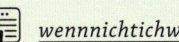 *wennnichtichwerdann.de/26*

Sylvia Rivera
LGBT-Aktivistin

Als die LGBT-Aktivistin Sylvia Rivera bei der Kundgebung zum Christopher Street Liberation Day in New York City 1973 auf die Bühne sprang und das Mikrofon an sich riss, sprach sie für eine Randgruppe innerhalb einer Randgruppe: die Transgender-Gemeinschaft.

Früh verwaist, durchlebte Rivera eine harte Jugend auf der Straße. Sie entwickelte ein Alter Ego als Dragqueen und schlug sich mit Sexarbeit durch. 1970 gründeten sie und ihre Freundin Marsha P. Johnson die Organisation Street Transvestite Action Revolutionaries (STAR), die obdachlosen queeren Jugendlichen eine Unterkunft und Unterstützung bot. Oft kümmerten sie sich um Jugendliche und Ausreißer*innen, die eine Bleibe brauchten.

Als Amerikanerin mit puertoricanischen und venezolanischen Wurzeln war Rivera häufig gleich mehreren Vorurteilen ausgesetzt: aufgrund ihrer Rasse, Sexualität und uneindeutigen Geschlechtszuordnung. Diese Voreingenommenheit machte es ihr auch in der LGBT-Gemeinschaft schwer, denn die betrachtete Transgender-Belange zunächst nicht als Priorität. Obwohl sie aktiv am Stonewall-Aufstand in der New Yorker Christopher Street teilgenommen hatte und ein frühes Mitglied der Gay Liberation Front wie auch der Gay Activists Alliance gewesen war, musste sie sich mit Zähnen und Klauen Gehör verschaffen. Ihre Rede bei einem Vorläufer der New Yorker Gay-Pride-Parade von 1973 zeigt ihren berechtigten Zorn darüber, dass man ihr das Wort verweigert, sehr deutlich – aber auch ihr Charisma. Anfangs verhöhnt und ausgebuht, gewinnt sie die Menge allmählich für sich, bis sie schließlich in ihren Ruf einstimmt: »Gay Power!«

Seid besser mal leise (1973)

» Seid besser mal leise. Ich habe den ganzen Tag versucht, hier hoch zu kommen, für eure schwulen Brüder und eure schwulen Schwestern im Knast (...) Seid ihr jemals zusammengeschlagen worden und vergewaltigt und eingesperrt? Denkt mal darüber nach. Sie wurden zusammengeschlagen und vergewaltigt. (...) Die Frauen kämpften für ihre Geschlechtsumwandlung oder dafür, Frauen zu werden. (...) sie schreiben nicht irgendwelchen Frauen, sie schreiben nicht irgendwelchen Männern, sie schreiben STAR, weil wir versuchen, etwas für sie zu tun.

Ich war im Knast. Ich wurde vergewaltigt. Und geschlagen. Viele Male! Von Männern, heterosexuellen Männern, die nicht in eine homosexuelle Unterkunft gehören. Aber tut ihr irgendetwas für mich? Nein. Ihr sagt, ich soll abhauen und meinen Schwanz zwischen meinen Beinen verstecken. Ich werde mir diese Scheiße nicht mehr gefallen lassen. Ich habe meinen Job verloren. Ich habe meine Wohnung wegen meines Kampfs für die Befreiung der Schwulen verloren, und ihr behandelt mich so? Was zum Teufel ist los mit euch? Denkt mal darüber nach! (...) Ich glaube an Gay Power. Ich glaube daran, dass wir unsere Rechte bekommen werden, sonst würde ich da draußen nicht für unsere Rechte kämpfen. Das ist alles, was ich euch sagen wollte, Leute (...) kommt und seht euch die Leute im Star House an. (...) Diese Leute versuchen, etwas für uns alle zu tun, nicht nur für die Männer und Frauen, die zu diesem weißen Club der weißen Mittelschicht gehören. Und zu dem gehört ihr alle! REVOLUTION JETZT! Gebt mir ein G! Gebt mir ein A! Gebt mir ein Y! Gebt mir ein P! Gebt mir ein O! Gebt mir ein W! Gebt mir ein E! Gebt mir ein R! Gay Power! Lauter! GAY POWER!

Sylvia Rivera

Simone Veil

Französische Gesundheitsministerin

(1974–1979)

1944 wurde die 16-jährige Simone Jacob zusammen mit ihrer Mutter und ihren Schwestern ins Konzentrationslager Auschwitz-Birkenau deportiert. Die Tochter französischer Juden aus Nizza hatte gerade ihr Abitur gemacht. Ihr Vater, ihr Bruder und ihre Mutter überlebten den Krieg nicht. Simone und ihre Schwestern schon. Nach ihrer Rückkehr nach Frankreich glänzte sie in Paris als brillante Jurastudentin und heiratete bald darauf den Staatsbeamten Antoine Veil. 1974 wurde sie zur Gesundheitsministerin ernannt und machte sich für Frauenrechte stark, unter anderem für einen besseren Zugang zu Verhütungsmitteln. Fünf Jahre später wurde sie als erste Frau zur Präsidentin des Europäischen Parlaments gewählt.

Von Veils außerordentlicher Karriere blieb eines ganz besonders in Erinnerung: ihr erfolgreicher Einsatz für die Legalisierung der Abtreibung in Frankreich. Vor 1975 war diese Praxis illegal und höchst stigmatisiert (eine der letzten Französinnen, die unter der Guillotine starben, war Marie-Louise Giraud – eine Mutter in finanziellen Nöten, die vor 1943 mindestens 27 Schwangerschaftsabbrüche durchgeführt hatte). 1974 begründete Veil vor einem fast nur mit Männern besetzten französischen Parlament ihren Gesetzesentwurf, der Frauen den straffreien Abbruch in den ersten zehn Wochen (später zwölf) einer Schwangerschaft erlaubte. Mit sorgfältig gewählten Formulierungen legte sie dar, dass das neue Gesetz – bald allgemein »Veil-Gesetz« genannt – Verfahren, die ohnehin bereits angewendet wurden, nur sicherer machen würde. Als sie 2017 mit 89 Jahren starb, war sie eine von Frankreichs meistbewunderten öffentlichen Personen. 2018 wurde sie in einer feierlichen Zeremonie im Pariser Panthéon beigesetzt, neben 72 der beliebtesten Männer Frankreichs – und gerade mal vier Frauen, unter ihnen Marie Curie (siehe Seite 44).

Ich sage, wir befinden uns in einer chaotischen und anarchistischen Lage, die so nicht bleiben kann.

Simone Veil

Rede im Parlament zum Abtreibungsgesetz (1974)

» Herr Präsident, meine Damen und Herren, wenn ich heute hier als Gesundheitsministerin, als Frau und nicht als Abgeordnete vor diesem Parlament stehe, um den gewählten Vertretern dieses Landes eine grundlegende Änderung des Abtreibungsrechts vorzuschlagen, dann, glauben Sie mir, tue ich dies mit einem Gefühl tiefer Demut – sowohl vor der Schwere der Problematik als auch den tief empfundenen, sehr persönlichen Gefühlen, die dieses Thema bei jedem Franzosen und jeder Französin hervorruft. Ich bin mir auch des Gewichts der Verantwortung, der wir uns gemeinsam stellen, völlig bewusst.

Aber zugleich werde ich mit größtmöglicher Überzeugung einen Entwurf verteidigen, der eine wohlüberlegte und menschliche Lösung für eines der schwierigsten Probleme unserer Zeit bietet.

(…) Wir haben einen Punkt erreicht, an dem sich staatliche Einrichtungen um ihre Verantwortung in dieser Angelegenheit nicht länger drücken können. Sämtliche Fakten untermauern dies: die Forschung der letzten Jahre, die Kommissionsanhörungen, die Erfahrungen anderer europäischer Länder. Und die meisten von Ihnen spüren es: Wir können illegale Abtreibungen nicht mehr aufhalten, und ebenso wenig können wir alle Frauen zur Verantwortung ziehen, die sich nach den Regeln des Strafgesetzes schuldig gemacht haben.

(…) Ich sage, wir befinden uns in einer chaotischen und anarchistischen Lage, die so nicht bleiben kann. (…) Ich sage ganz aufrichtig: Abtreibung muss die Ausnahme bleiben, die letzte Zuflucht in einer ausweglosen Situation. Aber wie können wir Abtreibung dulden, ohne dass sie diesen Sonderstatus verliert, ohne dass es so aussieht, als würde die Gesellschaft dazu ermutigen?

Zuallererst möchte ich mit Ihnen eine Überzeugung teilen, die alle Frauen haben – und ich bedaure es, dies vor einer fast ausschließlich männlichen Versammlung tun zu müssen: Jede Frau, die sich um eine Abtreibung bemüht, tut dies schweren Herzens. Sie müssen den Frauen nur zuhören. (…)

Wer kümmert sich aktuell um die Frauen, die sich in dieser Lage befinden? Das Gesetz jagt sie fort: nicht nur in Schande, Scham und Isolation, sondern auch in die Anonymität und die Angst vor rechtlichen Konsequenzen. Wie viele von denen, die sich heute gegen jede Veränderung dieses Strafgesetzes stellen, kümmern sich darum, diesen Frauen in ihrer Not zu helfen? Wie viele von ihnen denken über das hinaus, was sie als Vergehen empfinden, und erkennen, dass es vielmehr Verständnis und moralische Unterstützung sind, die junge alleinstehende Mütter wirklich brauchen?

Indira Gandhi
Premierministerin von Indien
(1966–1977 • 1980–1984)

Indira Gandhi war die erste weibliche Premierministerin Indiens – und das über vier Amtszeiten: angefangen mit ihrer Wahl 1966 bis zu ihrer Ermordung 1984. Als Tochter des ersten indischen Premiers Jawaharlal Nehru wurde Gandhi in ein Politikerleben hineingeboren. Durch ihre aggressive Kriegspolitik und die Zentralisierung der Macht (1975 bis 1977 rief sie den »Nationalen Ausnahmezustand« aus und regierte per Dekret) hinterließ sie ein kompliziertes Erbe. 1980, im Jahr ihrer vierten Wiederwahl, sprach sie in Neu-Delhi anlässlich der Einweihung eines neuen Gebäudekomplexes für die All-India Women's Conference (AIWC), einer Gruppe zur Stärkung der Rechte von Frauen. »Ich habe oft gesagt, dass ich keine Feministin bin«, begann sie ihre Rede. »Doch wie kann ich in meiner Sorge für die Unterprivilegierten über die Frauen hinwegsehen, die seit Anbeginn der Geschichte durch gesellschaftliche Bräuche und durch Gesetze beherrscht und diskriminiert worden sind?«

Obwohl Gandhi sich öffentlich von dem Begriff »Feministin« distanzierte, machte sie ihre Position als Staatschefin der größten Demokratie der Welt für viele zu einem Symbol für das Potenzial von Frauen. In einer zutiefst patriarchalischen Gesellschaft schien sie die gängigen Geschlechterrollen zu überwinden. Vielleicht aus Angst, schwach zu wirken, vermied sie es meist, über ihr Frausein zu sprechen; häufig nennt man sie auch »die Eiserne Lady Indiens« – in Anspielung auf eine andere bemerkenswerte Premierministerin, Margaret Thatcher (siehe Seite 94). Mit ihrem Auftritt bei der AIWC zollte sie jedoch der reichen Geschichte des politischen Engagements von Frauen in Indien Tribut, die bis ins frühe 20. Jahrhundert zurückreicht. In ihrer Rede betonte Gandhi, wie dringend nötig es sei, Frauen Teilhabe in der Gesellschaft zuzugestehen. »Indem sie Frauen ausschließen«, reflektierte sie, »berauben die Männer sich selbst einer umfassenderen Emanzipation oder der eigenen Chance zu wachsen.«

Wahre Befreiung der Frauen
(1980)

》》 Im Westen wird die sogenannte Freiheit der Frauen oft mit dem Nachahmen von Männern gleichgesetzt. Offen gestanden empfinde ich das bloß als Tausch von einer Fessel gegen eine andere. Um befreit zu werden, muss eine Frau sich frei fühlen, sie selbst zu sein – nicht im Wettstreit mit dem Mann, sondern im Rahmen ihrer eigenen Fähigkeiten und ihrer Persönlichkeit. Wir brauchen Frauen, die interessierter, lebendiger und aktiver sind, nicht weil sie Frauen sind, sondern weil sie die Hälfte der Menschheit ausmachen. Ob es ihnen passt oder nicht, sie können vor ihrer Verantwortung nicht weglaufen, und ebenso wenig sollten ihnen die damit verbundenen Vorteile vorenthalten bleiben. (...) Größten Anlass zur Sorge geben heute: zuerst die ökonomische und soziale Ungleichheit und Ungerechtigkeit zwischen wohlhabenden und sich entwickelnden Ländern sowie innerhalb von Ländern. Zweitens die Sorge, ob die Weisheit der Menschen über das triumphieren wird, was nur als Todestrieb bezeichnet werden kann: auf vielfältige Weise drückt er sich im Streben nach Macht aus, am gefährlichsten im Wettrüsten. Und drittens die Notwendigkeit, diese unsere einzige Erde vor menschlicher Habgier und Ausbeutung zu schützen. Erst in jüngster Zeit sind wir wieder erwacht und uns alter Wahrheiten bewusst geworden, was unsere völlige Abhängigkeit vom Gleichgewicht der Natur und ihrer Ressourcen anbelangt. Diesen enormen Herausforderungen können sich nicht einige Gruppierungen alleine stellen, so fortschrittlich sie auch sein mögen, während andere den Strang in eine andere Richtung ziehen oder tatenlos zuschauen. Es braucht eine universelle, bewusste und koordinierte Anstrengung, niemand darf als zu gering angesehen werden, um einen Beitrag zu leisten. (...)

 wennnichtichwerdann.de/29

Margaret Thatcher
Britische Premierministerin
(1979–1990)

———————

Margaret Thatcher ist es nicht nur gelungen, bis heute zu polarisieren, sie bleibt auch die dienstälteste Premierminister*in in der Geschichte des Vereinigten Königreichs. Darüber hinaus war sie die erste Frau, die dieses Amt innehatte. In ihren elf Jahren als Regierungschefin stand sie für bestimmte politische Grundsätze, die heute unter dem Begriff Thatcherismus laufen: Deregulierung, ein schlanker Staat und freie Märkte. Ihr harter Kurs gegen Sowjetrussland brachte Thatcher früh den Spitznamen »Iron Lady« ein, auf den sie nachweislich stolz war. Gleichzeitig warf man ihr vor, durch ihre kompromisslose Politik für eine hohe Arbeitslosenquote gesorgt zu haben. Während ihrer langen Karriere in einem von mächtigen Männern dominierten Metier ließ sie hämische Kommentare – die sich nicht selten auf ihr Geschlecht bezogen – konsequent an sich abprallen und war praktisch nie aus der Ruhe zu bringen.

Als sie in den 1970er-Jahren zur Vorsitzenden der Konservativen Partei aufstieg, begann Thatcher, Sprechunterricht zu nehmen. Wie viele andere Politikerinnen musste sie sich unaufhörlich Kommentare über ihre Stimme gefallen lassen, die von der Presse gerne als »schrill« bezeichnet wurde. Also arbeitete sie daran, tiefer und autoritärer zu klingen. Im Jahr 1980, ein Jahr nach ihrer Wahl zur Premierministerin, hielt sie auf dem Parteitag der Conservative Party in Brighton eine Rede, bei der sie ihre rhetorischen Fähigkeiten eindrucksvoll unter Beweis stellte (hier in Auszügen abgedruckt). In unaufgeregtem Tonfall brachte sie darin die Ziele ihrer Partei auf den Punkt und nahm die Zuhörer mit Charme und trockenem Humor für sich ein. Gegen Ende ihrer Ansprache erteilte sie schließlich allen, die mit einem wirtschaftspolitischen Richtungswechsel gerechnet hatten, mit folgenden berühmten Worten eine Absage: »Ihr könnt euch verbiegen, wie ihr wollt. Die Dame lässt sich nicht verbiegen.«

Die Dame lässt sich nicht verbiegen (1981)

»Anständige Leute wollen doch gute Arbeit leisten, sie wollen nicht entmutigt oder gar daran gehindert werden, etwas für ihr Geld zu tun. Sie glauben fest daran, dass Ehrlichkeit respektiert, nicht belächelt werden sollte, und Kriminalität und Gewalt stellen in ihren Augen nicht nur für die Gesellschaft eine Bedrohung dar, sondern auch für ihr eigenes geregeltes Leben. Diese Ideale wollen sie an ihre Kinder weitergeben können, ohne Angst, dass man ihnen im Namen des Fortschritts oder der freien Meinungsäußerung jeden Tag aufs Neue einen Strich durch die Rechnung macht.

(...) Eine große Nation ist das Werk ihrer Bürger – tüchtiger Männer und Frauen, deren Selbstachtung darauf gründet, dass sie wissen, was sie einer Gemeinschaft zu geben haben, auf die sie ihrerseits stolz sein können. Wenn unsere Bürger das Gefühl haben, Teil einer großen Nation zu sein, und dafür zu kämpfen gewillt sind, dass diese Nation groß bleibt, dann werden wir eine große Nation sein – und bleiben. Was also kann uns aufhalten? Was steht uns im Weg? Die Aussicht auf einen neuen Winter des Missvergnügens? Gut möglich.

Doch um ehrlich zu sein, glaube ich daran, dass wir aus der Vergangenheit gelernt haben, dass wir langsam und schleppend auf einen Herbst der Einsicht zusteuern. Und ich hoffe, dass darauf ein Winter der Vernunft folgt. Wenn nicht, werden wir unserer Linie dennoch treu bleiben.

Allen, die mit angehaltenem Atem auf die von der Presse so viel beschworene »Kehrtwende« warten, habe ich nur eines zu sagen: »Ihr könnt euch verbiegen, wie ihr wollt. Die Dame lässt sich nicht verbiegen.

 wennnichtichwerdann.de/30

Ursula K. Le Guin
Autorin

Als die Schriftstellerin Ursula K. Le Guin 1983 vor fast ausschließlich weiblichen Absolvent*innen am Mills College »Eine Abschlussrede mit linker Hand« hielt, tat sie das auf eine Art, die sie als »Sprache der Frauen« bezeichnete. Zunächst stellte sie fest, dass sich viele Abschlussreden an ein männliches Publikum richten. Trocken merkte sie an, dass die Absolvententalare ursprünglich für Männer entworfen worden waren und Frauen »entweder wie Pilze oder wie einen schwangeren Storch« aussehen ließen. »Intellektualität ist traditionell männlich. Öffentliches Sprechen erfolgt in der öffentlichen Sprache, in der Landes- oder Stammessprache; und die Sprache unseres Stammes ist die Sprache der Männer«, sagte sie.

Le Guin – deren 1969 erschienener berühmter Science-Fiction-Roman *Die linke Hand der Dunkelheit* auf einem Planeten spielt, dessen Bewohner keine eindeutige Geschlechtszugehörigkeit besitzen – wollte nicht auf dieser Grundlage kommunizieren. Sie wollte nicht über Erfolg sprechen (»Erfolg ist das Scheitern eines anderen«) oder über Macht, die für sie Teil einer männlichen Tradition war. Sie wünscht den Absolventinnen Kinder, sofern sie welche wollen, und wendet sich in ihrer Rede einer radikalen Zurückweisung der patriarchalen Gesellschaft (genannt »Machoman«) zu. Le Guin ermutigt ihre Zuhörerinnen, dem Scheitern mit offenen Armen zu begegnen und als Einheimische in einem Land von Frauen zu leben.

Sie sinniert: »Was wäre, wenn ich statt über Macht wie eine Frau spräche, und zwar hier in der Öffentlichkeit?«

Unsere ganze Hoffnung liegt dort (...) Nicht im Licht, das uns blendet, sondern im Dunkel, das uns nährt, wo den Menschenwesen Menschenseelen wachsen.

Ursula K. Le Guin

Eine Abschlussrede mit linker Hand (1983)

》 Weil ihr Menschen seid, werdet ihr Scheitern erleben. Ihr werdet Enttäuschung, Ungerechtigkeit, Betrug und unersetzliche Verluste erleben. Ihr werdet merken, dass ihr schwach seid, wo ihr dachtet, stark zu sein. Ihr werdet arbeiten, um an Besitztümer zu kommen, und dann merken, dass sie euch besitzen. Ihr werdet euch – und ich weiß, das ist euch schon passiert – an dunklen Orten wiederfinden, allein und voller Angst.

Ich hoffe für euch, für all meine Schwestern und Töchter, Brüder und Söhne, dass ihr dort, an diesem dunklen Ort, leben könnt. An dem Ort leben könnt, den unsere vernunftbestimmte Erfolgskultur verleugnet, den sie als Exil, als unbewohnbar und fremd betrachtet. Nun ja, wir sind bereits Fremde. Frauen als Frauen sind weitgehend ausgeschlossen von, ja stehen fremdartig gegenüber den selbst deklarierten männlichen Normen dieser Gesellschaft, in der »Mann« für alle Menschen steht, der einzige anerkannte Gott männlich ist und alle Wege nur nach oben führen. So sieht ihr Land aus, lasst uns unser eigenes erkunden. (...)

In unserer Gesellschaft haben Frauen – und dafür hat man sie verachtet – die gesamte Seite des Lebens gelebt, zu der Hilflosigkeit, Schwäche und Krankheit gehören, und dafür Verantwortung übernommen: für das Unerklärliche und das Unreparierbare, für alles, was dunkel, passiv, unkontrolliert, animalisch, unrein ist – das Schattental, die Tiefe, die Abgründe des Lebens. (...) Nun, so sieht unser Land aus. Unser Land bei Nacht. Sollte es dort auch Tag geben (...), dann haben wir ihn noch nicht erreicht. Wir werden ihn niemals erreichen, wenn wir »Machoman« imitieren. Wir werden ihn nur erreichen, wenn wir unseren eigenen Weg gehen, wenn wir dort leben, wenn wir die Nacht in unserem eigenen Land durchleben.

Ich hoffe also für euch, dass ihr dort nicht als Gefangene lebt, beschämt, Frauen zu sein, willige Häftlinge eines psychopathischen Gesellschaftssystems, sondern als Einheimische. Dass ihr dort zu Hause seid, dort Haus haltet, eure eigene Herrin seid, ein Zimmer für euch allein habt. Dass ihr dort eurer Arbeit nachgeht, was auch immer ihr gut könnt. (...) Und wenn ihr scheitert und geschlagen seid und Schmerzen leidet und euch im Dunkeln befindet, dann erinnert ihr euch hoffentlich daran, dass die Dunkelheit euer Land ist, wo ihr lebt, wo keine Kriege gekämpft und keine Kriege gewonnen werden, sondern wo die Zukunft liegt. Unsere Wurzeln liegen im Dunkeln; die Erde ist unser Land. Warum suchten wir unseren Segen oben – statt neben uns und unter uns? Unsere ganze Hoffnung liegt dort. (...) Nicht im Licht, das uns blendet, sondern im Dunkel, das uns nährt, wo den Menschenwesen Menschenseelen wachsen.

 wennnichtichwerdann.de/31

Ursula K. Le Guin

Barbara McClintock
Wissenschaftlerin und Zytogenetikerin

Als die wegweisende Genetikerin Barbara McClintock 1983 den Nobelpreis für Medizin gewann, ehrte man sie für Entdeckungen, die ihr Jahrzehnte zuvor gelungen waren. In den späten 1940er-Jahren begann sie, mit Maispflanzen zu experimentieren. Sie beobachtete, wie sich Erbmerkmale – etwa die Farbmuster von Ährenkörnern – über Generationen veränderten. In den 1940er- und 1950er-Jahren, so das Nobelkomitee, habe ihre Forschung »bewiesen, dass genetische Elemente ihre Position auf einem Chromosom verändern können und dass dies umliegende Gene veranlasst, aktiv oder inaktiv zu werden«. Heute nennt man das Transposon: Es hat weitreichenden Einfluss auf die Evolutionsforschung und die Bekämpfung von Krankheiten.

McClintock kam 1902 im US-Bundesstaat Connecticut zur Welt und promovierte 1927 an der Cornell University. Viele ihrer Entdeckungen geschahen im Verborgenen. Einige Historiker*innen vermuten, sie sei ihres Geschlechts wegen lange übersehen oder nicht ernst genommen worden. 1953 fühlte sie sich von der Wissenschaftsgemeinschaft so ausgegrenzt, dass sie aufhörte, ihre Forschungsergebnisse zu veröffentlichen. Dennoch arbeitete sie weiter, weil sie fest daran glaubte, irgendwann Anerkennung zu finden (»Man muss den richtigen Zeitpunkt für grundlegende Veränderungen abwarten«, schrieb sie viele Jahre später). Bei der Nobelpreisgala hielt sie eine kurze, überraschende Festrede, in der sie die jahrelange Arbeit ohne Anerkennung »ein Vergnügen« nannte – denn sie schenkte ihr völlige Freiheit.

Nobelpreisrede (1983)

» Ihre Majestäten, Königliche Hoheiten, meine Damen und Herren,

ich bin hocherfreut, hier zu sein, und entzückt von der Wärme der Schweden. Und ich möchte ihnen für ihre vielen Aufmerksamkeiten danken. Ich glaube, ich bin heute Abend hier, weil die Maispflanze, mit der ich viele Jahre gearbeitet habe, ein genetisches Phänomen preisgegeben hat, das Mitte der 1940er-Jahre in völligem Widerspruch zur geltenden Lehre stand. Nun, da das Phänomen allgemein akzeptiert ist, werde ich vor allem von jungen Forschern gefragt, wie ich mich während der langen Zeit gefühlt habe, in der meine Arbeit ignoriert und abgelehnt wurde oder Missfallen hervorrief. Zunächst, das muss ich gestehen, war ich überrascht und dann verwirrt, weil ich annahm, dass die Beweise und die Logik, auf die sich meine Interpretation stützte, für sich sprächen. Jedoch wurde bald klar, dass stillschweigende Annahmen – das ist nun mal das Wesen eines Dogmas – die Mauern waren, die einer erfolgreichen Kommunikation im Weg standen. Mein Verständnis des Phänomens, das verantwortlich war für die raschen Veränderungen der Genaktivität und die vielfältigen, bei Pflanzen und Tieren zu beobachtenden Folgen, war viel zu radikal für die Zeit. Jemand hätte meine oder zumindest ähnliche Erfahrungen machen müssen, um diese Mauern zu durchbrechen. Nach und nach erkannten und erforschten einige Maisgenetiker das Wesen dieses Phänomens; sie müssen sich ähnlich ausgegrenzt gefühlt haben. Neue Techniken ermöglichten Erkenntnisse über die Allgemeingültigkeit des Phänomens – allerdings erst viele Jahre später. In der Zwischenzeit lud mich, von wenigen Ausnahmen abgesehen, niemand zu Vorträgen oder Seminaren, in Ausschüsse oder Gremien ein, noch betraute mich jemand mit sonstigen wissenschaftlichen Aufgaben. Statt mich in persönliche Nöte zu bringen, stellte sich diese lange Zeitspanne als Vergnügen heraus. Sie gab mir die völlige Freiheit, meine Forschung ungestört und aus reiner Freude an der Sache fortzuführen.

Corazon C. Aquino
Präsidentin der Philippinen
(1986–1992)

Als Corazon Aquino im September 1986 vor dem US-Kongress sprach, war sie erst seit gut sechs Monaten Präsidentin der Philippinen. Das erste halbe Jahr ihrer Amtszeit war turbulent gewesen. Sie bemühte sich darum, die demokratischen Abläufe wieder in Gang zu bringen, die vom autoritären Regime ihres Vorgängers Ferdinand Marcos abgeschafft worden waren. Aquinos Weg an die Macht verlief nicht gerade. Ihr Mann Benigno Aquino jr. war in den 1970er-Jahren einer von Marcos' größten politischen Rivalen gewesen. Während dessen Amtszeit saß er zunächst im Gefängnis, wurde dann ins amerikanische Exil verbannt und 1983 bei seiner Rückkehr auf die Philippinen schließlich ermordet.

Als Marcos 1985 vorgezogene Wahlen ausrief, wurde Aquino von einer millionenfach unterzeichneten Unterschriftenkampagne aufgefordert, sich um die Präsidentschaft zu bewerben. Die Regierung Marcos' erklärte sich zwar zum Sieger, aber man verdächtigte sie des weitreichenden Wahlbetrugs. Die Anführer eines fehlgeschlagenen Militärputsches baten das Volk um Unterstützung, um ihrer Festnahme zu entgehen. Menschen versammelten sich auf den Straßen und demonstrierten im Februar 1986 vier Tage lang gegen den Diktator. Marcos floh in die USA, Aquino übernahm auf öffentlichen Wunsch als erste Frau das Amt.

Eine ihrer ersten Amtshandlungen war der Entwurf einer neuen Verfassung, in der demokratische Prinzipien verankert waren. In ihrer Rede vor dem Kongress beschrieb Aquino, wie sehr sich ihr Land den Idealen der Demokratie verpflichtet fühle. Aquino, eine unaufgeregte Frau der leisen Töne, nannte sich selbst »eine einfache Hausfrau«: eine Anführerin wider Willen, die sich durch Pflichtgefühl und den Tod ihres Mannes in der Politik wiederfand. Als sie 1986 ihre Rede hielt, war sie für viele bereits zur Symbolfigur für eine demokratische Zukunft der Philippinen geworden. Während ihrer Amtszeit bemühte sie sich, das gespaltene Land zu einen und die schwächelnde Wirtschaft anzukurbeln. Die Erinnerung an sie lebte auf, als ihr Sohn Noynoy Aquino 2010, ein Jahr nach ihrem Tod, zum Präsidenten gewählt wurde. In der Hauptstadt Manila trauerten Tausende um die »Mutter der philippinischen Demokratie«.

Rede bei der gemeinsamen Sitzung des US-Kongresses (1986)

» Letztes Jahr beschwor die Diktatur in maßloser Selbstüberschätzung mit vorgezogenen Wahlen ihren Untergang herauf. Das Volk fühlte sich gezwungen, etwas zu tun. Mit über einer Million Unterschriften rief es mich auf, die Diktatur herauszufordern. Und ich fühlte mich gezwungen, etwas für sie zu tun. Der Rest ist Geschichte. Eine dramatische Geschichte, die Sie auf Ihren Fernsehschirmen und den Titelseiten Ihrer Zeitungen mitverfolgen konnten.

Sie sahen, wie eine Nation – mit nichts als Mut und Anstand bewaffnet – im Angesicht von Drohungen und von Korruption standhaft an der Demokratie festhielt. Sie sahen, wie Wahlbeobachter in Tränen ausbrachen, als bewaffnete Schläger die Wahllokale stürmten, um die Stimmzettel zu stehlen, und ebenso wie sie sich an die Wahlurnen ketteten. Sie sahen ein Volk, das sich der Demokratie so verpflichtet fühlt, dass es bereit war, selbst für ihren matten Abglanz sein Leben zu opfern. Letzten Endes rief ich den Sieg des Volkes aus, ehe eine weitere Betrugswelle die Ergebnisse verfälschen konnte. (…) Als ein unterwürfiges Parlament den Sieg meines Gegners verkündete, strömte das Volk auf die Straße und erklärte mich zur Präsidentin. Und es stand zu seinem Wort: Als eine Handvoll führender Militärs sich gegen die Diktatur stellte, strömte das Volk zusammen, um sie zu schützen. Ja, die Menschen kümmern sich umeinander. Auf Basis dieses Glaubens und der Pflicht, die daraus erwächst, nahm ich die Präsidentschaft an. Ich bin friedlich an die Macht gekommen, und so soll es bleiben. Das ist mein Bündnis mit dem Volk und meine Verpflichtung gegenüber Gott.

(…) Wir fegten die absolutistische Macht mit einer kleinen Revolution hinweg, die das Leben und die Freiheit jedes Filipinos achtete. (…) Innerhalb eines knappen Jahres werden wir von einer friedlichen landesweiten Erhebung, die eine Diktatur beseitigt hat, zu einer vollkommen verfassungsgemäßen Regierung zurückgekehrt sein. Angesichts der Polarisierung und des Zerfalls, die man uns hinterließ, ist das kein geringer Erfolg.

wennnichtichwerdann.de/33

Corazon C. Aquino

Naomi Wolf
Autorin

Der Platz einer Frau
(1992)

Als die amerikanische Autorin Naomi Wolf 1991 ihr Buch *Der Mythos Schönheit* veröffentlichte, löste sie eine landesweite Debatte über unrealistische Schönheitsideale und deren schädliche Auswirkungen auf Frauen aus. Die Gegenreaktion war harsch und folgte unmittelbar. Obwohl das Buch allgemein gut aufgenommen wurde, geriet Wolf ins Schussfeuer von Nachrichtensprechern, Schönheitschirurgen und rechtsgerichteten Radiomoderatoren. Mit jedem Mal, das man sie angezweifelt hatte, erinnerte Wolf sich 1992 in einer Rede vor den Absolventinnen des Scripps College, habe sie Angst gehabt, ihren Kritikern zu nahe zu treten, sprich die ungeschriebenen Gesetze der »Nettigkeit« für Frauen zu brechen. Ungefähr zur selben Zeit las sie ein Essay von Audre Lorde, die der Meinung war, dass Schweigen kein Schutz sei; daraufhin begann Wolf ihre Einstellung zu ändern. »Heute möchte ich Ihnen ein Erste-Hilfe-Set für heftige Gegenreaktionen schenken«, sagte sie zu den Absolventinnen, »eine Anleitung in vier Schritten, die verhindern soll, dass sich die Drachen in Ihren Köpfen einnisten.«

In ihrer Rede stellt Wolf vier »Botschaften« vor (Botschaft Nr. 1: »Definieren Sie ›eine Frau werden‹ neu«). Sie macht darauf aufmerksam, dass Frauen nach biologischen Ereignissen wie der Geburt eines Kindes gesagt wird, nun wären sie »zur Frau geworden«, während Männern beigebracht wird, dass sie durch das Meistern einer Prüfung reifen. Sie ermutigt die Zuhörerinnen, stattdessen lieber zu glauben, dass sie »durch das Puppenstadium der Bildung, von einem schwierigen Absatz eines Buches zum nächsten und von einer Idee zur nächsten« zur Frau werden. In Botschaft Nr. 2 rät sie den Frauen »Fragen Sie in Ihrem Leben nach Geld«. In Botschaft Nr. 3 fordert Wolf: »Kochen Sie nie für oder schlafen Sie nie mit jemandem, der Sie routinemäßig runtermacht.« In ihrer letzten Botschaft jedoch geht es ganz klar um ihr eigenes Ringen, ihre Stimme zu finden und für sie einzustehen.

» Botschaft Nr. 4: Werden Sie Göttinnen des Ungehorsams. Virginia Woolf schrieb einmal, dass wir den »Engel im Haus« töten müssen, den inneren Zensor. Junge Frauen erzählen mir von Ungerechtigkeiten, von Seximus im Klassenzimmer bis zur Vertuschung von Vergewaltigungen auf dem Campus. Doch beim Gedanken an eine Konfrontation erstarren sie in Nettigkeit. Uns wird gesagt, nichts sei schlimmer, als einen Konflikt zu verursachen – selbst wenn es darum geht, das Richtige zu tun. (...) Ich begann, mich dann jedes Mal zu fragen: »Was ist das Schlimmste, das mir passieren kann, wenn ich diese Wahrheit ausspreche?« Anders als bei Frauen in anderen Ländern wird man uns wohl kaum einsperren, »verschwinden lassen« oder nachts von der Straße drängen, wenn wir unser Schweigen brechen. Dass wir die Wahrheit aussprechen, wird einige Leute ärgern. Doch dann wird unser Sprechen es anderen Frauen erlauben, ebenfalls zu sprechen, bis Gesetze geändert und Leben gerettet werden und die Welt für immer eine andere ist. (...) Fragen Sie sich beim nächsten Mal: Was ist das Schlimmste, das passieren könnte? Dann schubsen Sie sich selbst ein Stückchen weiter, als Sie sich normalerweise trauen. (...) Und von Mal zu Mal wird das Sprechen leichter werden. Und Sie werden merken, dass Sie sich in Ihre eigene Vision verliebt haben, dabei wussten Sie vielleicht noch gar nicht, dass Sie eine haben. Und Sie werden ein paar Freunde und Liebhaber verlieren und erkennen, dass sie Ihnen nicht fehlen. Und neue Menschen werden den Weg zu Ihnen finden und Sie wertschätzen. Und Sie werden immer noch flirten (...) und auf Partys gehen, denn wie – glaube ich – Emma Goldman sagte: »Wenn ich nicht tanzen kann, ist es nicht meine Revolution.« Und schließlich werden Sie mit überwältigender Gewissheit spüren, dass nur eine Sache furchteinflößender ist, als Ihre Wahrheit auszusprechen. Und das ist, nicht zu sprechen.

Severn Cullis-Suzuki
Umweltaktivistin

1992, mit gerade einmal zwölf Jahren, fuhr die Kanadierin Severn Cullis-Suzuki als Vertreterin der ECO nach Rio de Janeiro, um auf der Konferenz der Vereinten Nationen über Umwelt und Entwicklung einen Vortrag zu halten. »Wir sind eine Gruppe von 12- und 13-Jährigen, die etwas bewegen wollen«, erklärte sie dem Publikum. »Wir haben unser ganzes Geld zusammengelegt, um persönlich hierherzukommen, wir haben 5 000 Meilen zurückgelegt, um euch Erwachsenen zu sagen, dass ihr euer Verhalten ändern *müsst*.« Cullis-Suzuki wuchs im kanadischen Vancouver auf; in ihrer Rede berichtet sie von ihrer Liebe zur Natur, erzählt vom Lachsfischen mit ihrem Vater und von ihrem Traum, irgendwann einmal den Regenwald zu sehen. Ihr eigentliches Engagement für die Umwelt entwickelte sich jedoch erst, als ihr die katastrophalen Auswirkungen des Klimawandels bewusst wurden.

Cullis-Suzuki ist auch heute noch als Umweltaktivistin tätig. Sie arbeitet für Organisationen, die sich für ein umweltfreundlicheres Kanada einsetzen, und ermutigt Studenten, sich aktiv einzubringen. In ihrer Rede in Rio de Janeiro setzte sie ihre Sonderstellung bewusst ein und erzielte damit eine starke Wirkung. Direkt und unerschrocken äußert sie ihre Meinung. »Ich bin nur ein Kind, und auch ich habe nicht die Lösung für alle Probleme. Aber ich möchte, dass ihr begreift, dass ihr diese Lösungen auch nicht habt.« Sie spricht das Thema Haushaltsmüll an und appelliert persönlich an ihre Zuhörer*innen: »Mag sein, dass ihr als Vertreter eurer Regierungen, als Geschäftsleute, als Veranstalter, Reporter oder Politiker hier seid – aber im wirklichen Leben seid ihr alle Mütter und Väter, Schwestern und Brüder, Tanten und Onkel – und jeder Einzelne von euch ist jemandes Kind.«

Meine Wut macht mich nicht blind, und trotz meiner Angst fürchte ich mich nicht, der Welt zu sagen, wie ich mich fühle.

Severn Cullis-Suzuki

Rede vor der Konferenz der Vereinten Nationen über Umwelt und Entwicklung (1992)

» Ich stehe heute ohne versteckte Absichten hier. Ich kämpfe um meine Zukunft. Denn seine Zukunft zu verlieren ist etwas anderes, als eine Wahl zu verlieren oder ein paar Punkte an der Börse.

Ich stehe hier, um für alle künftigen Generationen zu sprechen.

Ich stehe hier, um für all die hungernden Kinder auf der Welt zu sprechen, deren Weinen nicht gehört wird.

Ich stehe hier, um für die unzähligen Tiere zu sprechen, die überall auf der Welt sterben müssen, weil sie nirgends mehr hin können.

Ich habe Angst, in die Sonne zu gehen, weil Löcher in der Ozonschicht sind.

Ich habe Angst zu atmen, weil ich nicht weiß, welche Chemikalien in der Luft sind.

Früher bin ich in meiner Heimat Vancouver mit meinem Dad fischen gegangen – bis wir vor ein paar Jahren Fische gefangen haben, die von Krebs zerfressen waren.

Und jetzt hört man, dass jeden Tag immer mehr Tiere und Pflanzen aussterben und für immer von der Erde verschwinden. Ich habe immer davon geträumt, riesige Herden wilder Tiere zu sehen und den Dschungel und die Regenwälder voller Vögel und Schmetterlinge, aber jetzt frage ich mich, ob es das alles überhaupt noch geben wird, wenn ich einmal Kinder habe. Musstet ihr euch um solche Dinge Gedanken machen, als ihr so alt wart wie ich?

All das geschieht direkt vor unseren Augen. Und trotzdem tun wir so, als hätten wir alle Zeit der Welt und für alles eine Lösung.

(...) Ich bin nur ein Kind, aber ich weiß trotzdem, dass wir alle zur selben Familie gehören, zu einer Familie mit fünf Milliarden Mitgliedern; nein, mit 30 Millionen verschiedenen Arten, und daran werden auch keine Grenzen und keine Regierungen etwas ändern. Ich bin nur ein Kind, aber ich weiß, dass wir alle im selben Boot sitzen und dass wir gemeinsam als eine Welt handeln müssen, mit einem gemeinsamen Ziel vor Augen.

Meine Wut macht mich nicht blind, und trotz meiner Angst fürchte ich mich nicht, der Welt zu sagen, wie ich mich fühle.

In der Schule, ja sogar schon im Kindergarten bringt ihr uns bei, wie wir uns benehmen sollen. (...) Warum verhaltet ihr euch dann nicht selbst so, wie ihr es uns beibringt?

Vergesst nicht, warum ihr überhaupt an Konferenzen wie dieser teilnehmt, für wen ihr das tut.

Wir sind eure Kinder. Ihr entscheidet, in welcher Welt wir aufwachsen. Eltern sollten doch in der Lage sein, ihre Kinder zu beruhigen, indem sie ihnen sagen »Alles wird gut«, »Davon geht die Welt nicht unter« und »Wir geben unser Bestes«.

Ich glaube nicht, dass ihr diese Sätze noch zu uns sagen könnt. Stehen wir überhaupt noch auf eurer Prioritätenliste?

Mein Dad sagt immer »Du bist, was du tust, nicht was du sagst«. Was ihr tut, bringt mich nachts zum Weinen.

Ihr Erwachsenen sagt, ihr liebt uns.

Dann fordere ich euch auf: Zeigt durch euer Handeln, dass ihr es ernst meint. *Bitte.*

Wilma Mankiller
Principal Chief (Häuptling)
der Cherokee-Nation
(1985–1995)

Rede bei der Abschlussfeier der Northern Arizona University
(1992)

Wilma Mankiller war die erste Frau, die man zur Principal Chief (Häuptling) der Cherokee-Nation ernannte. 1945 wurde sie in eine große Familie hineingeboren. Väterlicherseits stammte sie von Cherokee aus Georgia ab, die in den 1830er-Jahren von ihrem Land vertrieben und gezwungen worden waren, auf Andrew Jacksons »Trail of Tears« nach Oklahoma umzusiedeln. In ihren Zwanzigern wurde sie zur Aktivistin. Später kehrte Mankiller nach Oklahoma zurück und leitete das Selbsthilfeprojekt Bell Water. Dieses Projekt, von dem der preisgekrönte Film *The Cherokee Word for Water* handelt, trug dazu bei, dass sie 1983 zur stellvertretenden und 1985 schließlich zur Principal Chief gewählt wurde. Sie war überrascht, als sie sich während ihres Aufstiegs zur Anführerin mit dem tief sitzenden Sexismus ihrer Gemeinschaft konfrontiert sah. Sie wurde bedroht und geriet oft mit den Männern ihres Stammesrats aneinander. Als sie 2010 starb, hatte sie jedoch drei Amtszeiten als Principal Chief hinter sich gebracht. Sie begleitete das Anwachsen ihres Volkes von rund 68 000 auf 170 000 Mitglieder und setzte sich unter anderem für Bildungsprogramme und Frauenrechte ein. Sie schloss enge Freundschaft mit Gloria Steinem.

Bei einer Absolventenfeier an der Northern Arizona University erzählte Mankiller 1992 amüsiert, dass sie das Personal im Hotel gefragt hatte, wie sie angesprochen werden wolle, da auf ihrer Visitenkarte »Wilma Mankiller, Principal Chief« stünde. Ein junger Mann hätte sie einmal gefragt, ob er sie aufgrund ihres Geschlechts »Chiefette« nennen solle. Zudem sprach er sie auf ihren Nachnamen an. (Der Name »Mankiller« kommt vom Cherokee-Wort für »Hüter des Dorfes« – was etwa einem Dorfvorstand entspricht.) »Aber das erklärte ich dem jungen Mann nicht«, scherzte Mankiller, »ich sagte ihm, es sei ein Spitzname, den ich mir erst hätte verdienen müssen.«

» In Amerika heißt es immer: »Sie werden das Problem lösen«. Ich weiß nicht, wer »sie« sind. Zu unseren eigenen Leuten sage ich immer, dass ich nicht weiß, von wem sie da reden. Für mich sind die Einzigen, die unsere Probleme lösen können, wir selbst – Leute wie du und ich. (...)

Es gibt in diesem Land immer noch viele negative Klischees über Schwarze, Latinos und Asiaten. Und weiß Gott, es gibt schreckliche Klischees über die Ureinwohner Amerikas. Sie müssen überwunden werden, bevor es vorangehen kann. Manchmal setze ich mich in Oklahoma mit einer Gruppe unterschiedlicher Leute zusammen, um an der Lösung eines Problems zu arbeiten, das uns alle betrifft; es ist fast so, als säße man mit Leuten zusammen, die alle einen Schleier oder so was vor dem Gesicht haben. Wir sehen uns gegenseitig durch diesen Schleier, der dafür sorgt, dass wir uns anhand von Klischees betrachten. Ich denke, wir müssen diesen Schleier lüften und uns auf einer menschlicheren Ebene begegnen, damit wir weiter Fortschritte erzielen können.

Die Anzahl der Menschen, die in diesem Land einer Minderheit angehören, wächst dramatisch an, das ist eine Tatsache. Wenn diese Entwicklung so weitergeht, müssen wir Wege finden, wie wir miteinander umgehen und wie wir besser zusammenarbeiten können, denn es betrifft jeden. (...) Ich möchte alle, die heute hier sind – die Absolventen und ihre Familien –, dringend bitten, dass sie überlegen, wie weit die Klischees reichen, die wir übereinander hegen. Und zu guter Letzt hoffe ich, dass die wenigen Minuten, die ich heute hier mit Ihnen verbringe, Ihnen helfen, sämtliche Klischees darüber, wie ein Chief aussieht, über Bord zu werfen.

 wennnichtichwerdann.de/36

Toni Morrison
Autorin

Als die passionierte Erzählerin Toni Morrison 1993 den Literaturnobelpreis entgegennahm, eröffnete sie ihre Rede mit einer in vielen Kulturen bekannten Parabel: »Es war einmal eine alte Frau ...« In Morrisons Version ist diese Frau blind, schwarz, eine Nachfahrin der Sklaven in Amerika, und sie wohnt in einem Haus am Stadtrand. Die Frau ist Hellseherin. Eines Tages erhält sie Besuch von einer Gruppe Jugendlicher, die ihre Fähigkeiten auf den Prüfstand stellen wollen. Sie treten als geschlossene Gruppe vor sie, ein Jugendlicher streckt die Hand aus und sagt: »Alte Frau, hier in meiner Hand ist ein Vogel. Sag mir, ist er tot oder lebendig?«

Ausgehend von diesem recht einfachen Einstieg, entwickelt Morrison – die achte weibliche und erste schwarze Trägerin des Literaturnobelpreises – eine komplexe Sprachtheorie. Morrison, die mehrere Romane verfasst hat, darunter *Sehr blaue Augen*, *Solomons Lied* und *Menschenkind*, wuchs in Ohio auf und lebt an der Ostküste. Dort war sie zunächst viele Jahre als Lektorin tätig, bevor sie sich ganz dem Schreiben widmete. Ihr Werk kreist um zentrale Fragen der ethnischen Identität und der Selbstfindung. Diese Themen lassen sich laut Morrison am besten durch Sprache ausdrücken, weil Sprache eine eigene Handlungsmacht besitze. Worte haben reale Macht, denn sie repräsentieren Bedeutung nicht nur, sie erschaffen sie auch. »Wort-Arbeit ist erhaben«, denkt die alte Frau in Morrisons Rede, »denn sie ist schöpferisch. Sie schafft Bedeutung, die unsere Differenz, unser menschliches Anderssein, schützt – die Art und Weise, wie wir uns von anderem Leben unterscheiden.«

Rede anlässlich der Verleihung des Literaturnobelpreises (1993)

» Spekulationen darüber, was der Vogel in der Hand (über seinen eigenen zerbrechlichen Körper hinaus) bedeuten mag, haben mich schon immer fasziniert. (...) Daher beschloss ich, den Vogel als Sprache zu lesen und die Frau als erfahrene Schriftstellerin. Die Frau sorgt sich, weil die Sprache ihrer Träume, die ihr von Geburt an mitgegeben wurde, benutzt, instrumentalisiert und ihr sogar aus bestimmten schändlichen Gründen vorenthalten wird. Als Schriftstellerin denkt sie sich Sprache teils als System, teils als etwas Lebendiges, das sie nicht kontrollieren kann, aber vor allem als Handlung – ein Akt mit Konsequenzen. Demnach ist die Frage der Jugendlichen, »Lebendig oder tot?«, für die Frau nicht irreal, weil sie Sprache als etwas betrachtet, das getötet oder ausgelöscht werden kann, mit Sicherheit gefährdet und nur durch Willenskraft zu retten ist. Wenn der Vogel in der Hand ihrer Besucher tot wäre, so, glaubt sie, seien diejenigen dafür verantwortlich, in deren Obhut er sich befindet. (...) Wenn eine Sprache stirbt, sei es durch Nachlässigkeit, Nichtbenutzung, Gleichgültigkeit oder mangelnde Wertschätzung, oder wenn sie auf Befehl hin getötet wird, so trage nicht nur sie selbst die Schuld an deren Niedergang, sondern alle ihre Benutzer und Schöpfer. In ihrem Land haben sich Kinder die Zungen abgebissen und erheben stattdessen mithilfe von Kugeln die Stimme der Sprachlosigkeit, der unfähig gemachten und unfähig machenden Sprache. (...) Doch sie weiß, dass sich nicht nur Kinder für den Sprachsuizid entscheiden. Er ist auch unter infantilen Staatsoberhäuptern und Spekulanten der Macht geläufig, weil ihre entleerte Sprache ihnen den Zugang zu den Überresten ihrer menschlichen Instinkte verwehrt, denn sie sprechen nur zu denen, die ihnen gehorchen, oder mit der Absicht, Gehorsam zu erzwingen. Die systematische Plünderung der Sprache ist leicht daran zu erkennen, dass ihre Benutzer auf ihre nuancenreichen, komplexen, geburtshelfenden Eigenschaften verzichten und sie stattdessen zur Drohung und Unterwerfung einsetzen. Repressive Sprache repräsentiert Gewalt nicht nur, sie ist Gewalt, sie repräsentiert nicht nur die Grenzen der Erkenntnis, sie begrenzt die Erkenntnis selbst. Ob es sich nun um verschleiernde Staatssprache handelt oder um die Pseudosprache der geistlosen Medien (...), die bösartige Sprache eines Gesetzes ohne Moral oder Sprache, die erfunden wurde, um Minderheiten auszugrenzen, und die ihre rassistische Ausbeutung in ihrer literarischen Frechheit verbirgt – sie gehört zurückgewiesen, umgeformt und entlarvt. Diese Sprache leckt Blut, labt sich an Verletzlichkeiten, versteckt ihre faschistischen Stiefel unter dem Reifrock der Anständigkeit und der Vaterlandsliebe, während sie gnadenlos auf das zusteuert, was unter dem Strich übrig bleibt, den geistigen Bankrott. Sexistische Sprache, rassistische Sprache, theistische Sprache – sie alle sind Vertreter kontrollbesessener Herrschersprachen, und als solche können und werden sie niemals neue Erkenntnisse zulassen noch den Austausch von Ideen.

 wennnichtichwerdann.de/37

Repressive Sprache repräsentiert Gewalt nicht nur, sie ist Gewalt (...).

Toni Morrison

Hillary Clinton
First Lady der Vereinigten Staaten und Politikerin

Ausführungen vor der Vierten Weltfrauenkonferenz der Vereinten Nationen (1995)

Ehe Hillary Clinton 2016 mit ihrer Kandidatur für die US-Präsidentschaft eine internationale Debatte über Frauen und politische Macht anfachte, kämpfte sie jahrelang für die Rechte von Frauen und Kindern. Während der Amtszeit ihres Ehemanns Bill Clinton von 1993 bis 2001 setzte sie sich als First Lady für eine gesetzliche Regelung der Gesundheitsversorgung von Kindern ein und half, ein dem Justizministerium unterstelltes Amt zur Gewalt gegen Frauen einzurichten. In ihrer Zeit als Außenministerin von 2009 bis 2013 unter Präsident Barack Obama betonte sie den Zusammenhang von nationaler Sicherheit und Frauenrechten, die sogenannte »Hillary-Doktrin«. Als ihr Gegner Donald J. Trump sie im Präsidentschaftswahlkampf 2016 schikanierte und belächelte (bekanntlich nannte er sie eine »böse Frau«), blieb sie niveauvoll und pragmatisch. Auch wenn sie letztendlich verlor, ließ ihre entschlossene Kampagne eine riesige Menge von Frauen in und außerhalb der USA aktiv werden und brachte Michelle Obamas Worte (siehe Seite 150) in Erinnerung: »Hillary Clinton hat in ihrem Leben niemals aufgegeben.«

1995, im dritten Amtsjahr ihres Mannes, sprach Clinton bei der Vierten Weltfrauenkonferenz in Peking vor Delegierten aus 189 Ländern. In ihren Ausführungen bezog sie unmissverständlich Stellung, indem sie erklärte: »Frauenrechte sind Menschenrechte.« Dieser Satz wurde in den folgenden Jahren von vielen Frauenrechtlerinnen zitiert. »Die große Herausforderung dieser Konferenz besteht darin, den Frauen überall auf der Welt Gehör zu verschaffen, deren Erfahrungen unberücksichtigt bleiben, deren Worte ungehört verhallen«, sagte Clinton ihrem Publikum. »Diejenigen von uns, die hier sein können, haben die Pflicht, im Namen derjenigen zu sprechen, die nicht kommen konnten.«

» (...) Meines Erachtens ist am Vorabend eines neuen Jahrtausends der Zeitpunkt gekommen, unser Schweigen zu brechen. (...) Es ist (...) nicht länger akzeptabel, Frauenrechte von Menschenrechten zu trennen.

Diese Missstände konnten fortbestehen, weil die Geschichte der Frauen allzu lange eine Geschichte des Schweigens war. Selbst heute gibt es einige, die uns hier zum Schweigen bringen wollen.

(...) Es ist eine Verletzung der Menschenrechte, wenn Babys nicht gefüttert, ertränkt oder erstickt werden, ihr Rückgrat gebrochen wird, nur weil sie als Mädchen geboren wurden. Es ist eine Verletzung der Menschenrechte, wenn Frauen und Mädchen in die Sklaverei der Prostitution verkauft werden. Es ist eine Verletzung der Menschenrechte, wenn Frauen mit Benzin übergossen, angezündet und verbrannt werden, weil ihre Mitgift als zu gering erachtet wird. Es ist eine Verletzung der Menschenrechte, wenn Frauen einzeln oder zu Tausenden systematisch als Taktik oder Preis des Krieges vergewaltigt werden. Es ist eine Verletzung der Menschenrechte, wenn die Haupttodesursache weltweit bei Frauen zwischen 14 und 44 Jahren die Gewalt in ihren eigenen vier Wänden ist. Es ist eine Verletzung der Menschenrechte, wenn Mädchen der schmerzhaften und entwürdigenden Praxis der Verstümmelung ihrer Genitalien unterworfen werden. Es ist eine Verletzung der Menschenrechte, wenn Frauen das Recht auf Familienplanung verweigert wird, und das schließt erzwungene Abtreibungen oder Sterilisationen ein. Wenn diese Konferenz eine Botschaft übermitteln kann, dann ist es die: Menschenrechte sind Frauenrechte. Und Frauenrechte sind Menschenrechte.

 wennnichtichwerdann.de/38

Wangari Maathai
Politische Aktivistin

2004 erhielt Wangari Maathai als erste afrikanische Frau den Friedensnobelpreis. Ihre Dankesrede begann sie damit, sich historisch zu verorten. »Als erste afrikanische Frau, die diesen Preis erhält, nehme ich ihn im Namen der Völker von Kenia und Afrika, ja der ganzen Welt entgegen«, sagte sie. »Ich denke dabei insbesondere an Frauen und Mädchen. Ich hoffe, es wird sie ermutigen, ihre Stimme zu erheben und sich mehr Platz in den Führungsetagen zu erobern.«

1977 gründete Maathai in Nairobi die Grüngürtel-Bewegung. Ziel dieser Graswurzelbewegung war es, Bürger*innen durch das Pflanzen von Bäumen zu bestärken – sie begann mit den Frauen. »Überall in Afrika sind Frauen die Hauptversorger«, erklärte Maathai in ihrer Nobelpreisrede. »Daher sind sie oft die Ersten, die Umweltschäden bemerken. Nämlich dann, wenn die Rohstoffe knapp werden.« Sie ermutigte ihr Publikum, bei sich selbst nach Lösungen zu suchen statt »außerhalb«.

Durch ihre Arbeit wurde ihr bewusst, dass ökologische Verantwortung untrennbar mit Frieden und Demokratie verbunden ist. Für Maathai, als Kind eine große Naturliebhaberin, war der Baum eine praktische Lösung, aber auch das Symbol für eine bessere Welt – an deren Schutz jede*r Einzelne Interesse hat.

Nobelpreisrede (2004)

» Zusammen haben wir über 30 Millionen Bäume gepflanzt, die uns mit Treibstoff, Nahrung, einem Dach und Einkommen für die Bildung von Kindern (der Frauen auf dem Land) und für den häuslichen Bedarf versorgen. Das sorgt für Arbeitsplätze, und es verbessert Böden und Wasserscheiden. Durch ihre Teilnahme erlangen Frauen ein gewisses Maß an Kontrolle über ihr Leben, vor allem über ihre gesellschaftliche und wirtschaftliche Stellung sowie ihre Bedeutung für die Familie. Die Arbeit geht weiter.

(...) Obwohl die Baumpflanzungen der Grüngürtel-Bewegung anfangs nichts mit Fragen von Frieden und Demokratie zu tun hatten, wurde bald klar, dass ein verantwortungsvoller Umgang mit der Umwelt ohne demokratische Mitbestimmung unmöglich war. Daher wurde der Baum zum Symbol für den Kampf um Demokratie in Kenia. Er mobilisierte die Bürger, den weitverbreiteten Machtmissbrauch, die Korruption und das Missmanagement in Umweltfragen anzuprangern. (...)

30 Jahre ist es her, dass wir mit dieser Arbeit begonnen haben. Doch Praktiken, die die Umwelt und Gesellschaften zerstören, gehen unvermindert weiter. Heute stehen wir vor einer Herausforderung, die ein Umdenken erfordert; damit die Menschheit aufhört, das System zu bedrohen, das sie am Leben hält. (...) Zum Schluss möchte ich ein Erlebnis aus meiner Kindheit erzählen, als ich zu einem Fluss in der Nähe unseres Hauses ging, um Wasser für meine Mutter zu holen. Ich trank das Wasser direkt aus dem Fluss. (...) Heute, mehr als 50 Jahre später, ist der Fluss ausgetrocknet. Die Frauen müssen weite Strecken laufen, um Wasser zu bekommen, das nicht immer sauber ist. Und die Kinder werden nie erfahren, was sie verloren haben. Die Herausforderung ist es, das Zuhause dieser Kaulquappen wiederaufzubauen und unseren Kindern eine Welt zurückzugeben, die voller Schönheit und Wunder steckt.

 wennnichtichwerdann.de/39

J. K. Rowling
Romanautorin

J. K. Rowling, die Zauberin hinter Harry Potter, ist in so ziemlich jeder Hinsicht phänomenal erfolgreich. Harry Potter ist ein globales Franchise-Unternehmen. Es hat Rowling zu einer der reichsten Frauen Großbritanniens gemacht. Als Rowling nahe Gloucestershire in eine Mittelschichtfamilie geboren wurde, ließ sich ihr späterer Erfolg nicht erahnen. Nach ihrem Examen lebte sie in den frühen 1990er-Jahren in Edinburgh mehrere Jahre eher ziellos vor sich hin und betrachtete sich als gescheiterte Existenz. Ihre erste Ehe war rasch zerbrochen, sie war arbeitslos, alleinerziehend und in finanziellen Nöten. Sie empfand sich als eine einzige Enttäuschung: für sich selbst und für ihre Eltern. »Nach allen gängigen Maßstäben war ich die größte Versagerin, die ich kannte«, erinnerte sie sich später.

In einer Rede, die sie 2008 vor Harvard-Absolvent*innen hielt, thematisierte sie die unerwarteten Vorteile des Scheiterns und die Macht der Fantasie. Sie beschreibt darin ihr Ringen um eine eigene Stimme als Autorin und die Furchtlosigkeit, die sie dabei entdeckte. »Wir brauchen keine Magie, um die Welt zu verändern, denn alle Kraft, die wir brauchen, tragen wir schon in uns: Wir haben die Kraft, uns etwas Besseres vorzustellen«, sagte sie. Sie schloss mit den Worten des römischen Philosophen Seneca, den sie als Studentin, die noch nicht wusste, welchen Weg sie einmal einschlagen sollte, entdeckt und der sie all die Jahre begleitet hatte: »So wie eine Geschichte ist auch das Leben: Es zählt nicht, wie lang es ist, sondern wie gut.«

Und so wurde der absolute Tiefpunkt das Fundament, auf dem ich mein Leben neu aufbaute.

J. K. Rowling

Rede vor Harvard-Absolvent*innen (2008)

>> Warum spreche ich über die Vorteile des Scheiterns? Ganz einfach weil Scheitern für mich bedeutete, sich von allem Unwichtigen zu trennen. Ich hörte auf, mir vorzumachen, dass ich etwas anderes sei, als ich war. Und ich begann, all meine Energie auf die Vollendung der einzigen Arbeit zu richten, die mir wichtig war. Wäre ich tatsächlich in etwas anderem erfolgreich gewesen, hätte ich vielleicht nie die Entschlossenheit gefunden, mich auf die einzige Bühne zu kämpfen, auf der ich mich zu Hause fühlte. Ich war frei, denn meine größte Angst war Wirklichkeit geworden, und ich war immer noch am Leben, und ich hatte noch immer eine Tochter, die ich über alles liebte, und ich hatte eine alte Schreibmaschine und eine große Idee. Und so wurde der absolute Tiefpunkt das Fundament, auf dem ich mein Leben neu aufbaute. Vielleicht werden Sie nie so sehr scheitern wie ich, aber ein wenig zu scheitern ist im Leben unvermeidlich. Es ist unmöglich, zu leben und nicht zu versagen. Es sei denn, man lebt so vorsichtig, dass man erst gar nicht zu leben brauchte – in dem Fall scheitert man grob fahrlässig.

Scheitern verlieh mir eine innere Sicherheit, die ich durch bestandene Prüfungen nie erlangt hatte. Scheitern lehrte mich Dinge über mich selbst, die ich sonst nicht erfahren hätte. Ich entdeckte, dass ich einen starken Willen habe und mehr Disziplin, als ich vermutete. Und ich fand heraus, dass ich Freunde hatte, die einen weit höheren Wert hatten als jeder Rubin. Das Wissen, dass du aus Rückschlägen klüger und stärker hervorgehst, bedeutet, dass du dir fortan deiner Fähigkeit zu überleben sicher bist. Du wirst dich selbst niemals wirklich kennen, und auch nicht die Stärke deiner Beziehungen, bis sich nicht beide in der Not beweisen mussten. Dieses Wissen ist ein wahres Geschenk, auch wenn man es nur durch Leid gewinnt, und es war mehr wert als jedes Zertifikat, das ich jemals erworben habe.

Hätte ich einen »Zeitumkehrer«, dann würde ich meinem 21-jährigen Ich sagen, dass das Glück im Wissen darum liegt, dass das Leben keine Liste ist, von der man Einkäufe und Errungenschaften streicht. Deine Zertifikate, dein Lebenslauf sind nicht dein Leben, auch wenn du viele Leute in meinem und in noch höherem Alter treffen wirst, die das verwechseln. Das Leben ist schwer und kompliziert und lässt sich nie ganz kontrollieren – und die Demut, die in diesem Wissen liegt, wird euch erlauben, seine Launen zu meistern.

 wennnichtichwerdann.de/40

Angela Merkel
Bundeskanzlerin von Deutschland

(seit 2005)

2009, kurz vor dem 20. Jahrestag des Berliner Mauerfalls, warb Bundeskanzlerin Angela Merkel in einer Rede vor dem US-Kongress für internationale Zusammenarbeit. Sie erinnerte sich zunächst daran, wie es war, in der DDR – »dem Teil Deutschlands, der nicht frei war«, wie sie es formulierte – aufzuwachsen, und wie sie diese Grenzen überwand, um zu einer der wichtigsten Führungspersönlichkeiten der westlichen Welt aufzusteigen. In ihrer ruhigen, pragmatischen Art begleitete Merkel Deutschlands Verwandlung zu einer Wirtschaftsmacht und erlebte, wie dadurch ihre eigene Popularität langsam wuchs.

Merkels Rede ist eine mitreißende Verteidigung der Globalisierung. Sie ruft alle führenden Staatsoberhäupter auf, »die Mauern des 21. Jahrhunderts« einzureißen – die Mauern von Intoleranz und engstirnigem Eigeninteresse. Weil die Welt näher zusammenrückt, müssen die Nationen als Partner zusammenarbeiten, statt sich abzuschotten. Sie schließt ihre Rede mit einer Besinnung auf die Berliner Freiheitsglocke, die 1950 ein Geschenk der Vereinigten Staaten an Deutschland war; sie verbindet zwei Kulturen. »Die Freiheitsglocke in Berlin ist, wie die Freiheitsglocke in Philadelphia, ein Symbol, das uns mahnt, dass Freiheit nicht von selbst entsteht. Sie muss errungen und an jedem Tag unseres Lebens aufs Neue verteidigt werden.«

Rede vor dem US-Kongress (2009)

»(...) Alles ist möglich, auch in unserem Jahrhundert, im 21. Jahrhundert, im Zeitalter der Globalisierung. Wir wissen bei mir zu Hause in Deutschland genauso wie bei Ihnen in Amerika, dass die Globalisierung vielen Menschen Angst macht. Darüber gehen wir nicht einfach hinweg. Wir sehen die Schwierigkeiten. Und doch ist es unsere Aufgabe, die Menschen zu überzeugen, dass die Globalisierung eine große weltweite Chance ist, für jeden Kontinent, denn sie zwingt jeden, gemeinsam mit anderen zu handeln. Die Alternative zur Globalisierung wäre die Abschottung, doch das wäre keine Alternative. Sie führte nur ins Elend, weil sie in die Isolation führt. Das Denken in Bündnissen, das Denken in Partnerschaften dagegen – das führt in eine gute Zukunft.

(...) Das, was Europäer und Amerikaner zusammenführt und zusammenhält, ist die gemeinsame Wertebasis. Es ist ein gemeinsames Bild vom Menschen und seiner unveräußerlichen Würde. Es ist ein gemeinsames Verständnis von Freiheit in Verantwortung. Dafür treten wir in der einzigartigen transatlantischen Partnerschaft und in der Wertegemeinschaft der Nato ein. So wird »Partnership in Leadership« mit Leben erfüllt.

Diese Wertebasis war es, die den Kalten Krieg beendet hat. Diese Wertebasis ist es, mit der wir nun die Bewährungsproben unserer Zeit bestehen können und bestehen müssen.

(...) Auch nach dem Ende des Kalten Krieges geht es also darum, Mauern zwischen Lebensauffassungen, gleichsam Mauern in den Köpfen einzureißen, die uns immer wieder daran hindern oder es erschweren, uns auf der Welt zu verstehen. Dafür ist die Fähigkeit zur Toleranz so wichtig. Für uns ist unsere Art zu leben die beste aller möglichen. Aber dennoch ist sie nicht die Art aller. Es gibt verschiedene Lösungen für ein gutes Miteinander. Toleranz ist Ausdruck des Respekts vor der Geschichte, der Tradition, der Religion und der Identität anderer.

(...) Ich bin überzeugt: So wie wir im 20. Jahrhundert die Kraft hatten, eine Mauer aus Stacheldraht und Beton zu Fall zu bringen, so haben wir auch heute die Kraft, Mauern des 21. Jahrhunderts zu überwinden – Mauern in unseren Köpfen, Mauern eines kurzsichtigen Eigeninteresses, Mauern zwischen Gegenwart und Zukunft. (...)

 wennnichtichwerdann.de/41

Angela Merkel

Sheryl Sandberg
Chief Operating Officer von Facebook

(seit 2008)

___

Als Sheryl Sandbergs Buch *Lean in: Frauen und der Wille zum Erfolg* 2013 erschien, schoss es sofort an die Spitze der Bestsellerlisten. Das Buch löste eine öffentliche Debatte über den tief verwurzelten Sexismus am Arbeitsplatz aus sowie über die äußeren und inneren Barrieren, auf die berufstätige Frauen stoßen. Zwei Jahre zuvor hatte Sandberg bei der Abschlussfeier am Barnard College eine Rede gehalten, die bereits viele Argumente des Buches zusammenfasste. Sandberg, COO von Facebook und die erste Frau im Vorstand des Unternehmens, riet den jungen Absolventinnen, sich bei ihrer Karriere »reinzuhängen« und sich im Job nicht zurückzunehmen, nur weil sie vorhaben, irgendwann einmal eine Familie zu gründen.

»Während wir hier sitzen und auf diese großartigen Absolventinnen in ihren blauen Roben schauen, müssen wir uns eine Tatsache eingestehen, die traurig, aber wahr ist: Männer regieren die Welt«, sagte sie. »Von 190 Staatsoberhäuptern sind neun Frauen. In allen Parlamenten weltweit haben Frauen 13 Prozent der Sitze inne.« In der Wirtschaft sehe es nicht viel anders aus, ergänzte sie. »Auf den Spitzenpositionen in amerikanischen Konzernen finden sich 15 Prozent Frauen; diese Zahl hat sich in den letzten neun Jahren kein bisschen verändert.« Trotzdem glaubt Sandberg, die sich zunächst in der Hierarchie von Google und dann von Facebook zu einer der mächtigsten Frauen im Silicon Valley hochgearbeitet hat, dass sich das ändern kann. »Aber wenn alle jungen Frauen sich so richtig reinhängen, können wir die Lücke zwischen den Karriereambitionen gleich hier und jetzt schließen«, sagte sie. »Führung gehört denen, die sie ergreifen. Führung beginnt bei Ihnen.«

Abschlussrede am Barnard College (2011)

›› Natürlich möchte sich nicht jede ins Berufsleben stürzen und bis an die Spitze aufsteigen. Das Leben wird etliche Drehungen und Wendungen mit sich bringen, und jede von uns, jede von Ihnen muss sich ihren eigenen Weg bahnen. Ich habe großen Respekt vor meinen Freundinnen, die andere Entscheidungen treffen als ich, die sich für die wirklich harte Aufgabe entscheiden, Kinder in Vollzeit großzuziehen, einen Teilzeitjob wählen oder unkonventionellere Ziele verfolgen. Das sind Entscheidungen, die Sie vielleicht eines Tages selber treffen werden, und es sind gute Entscheidungen. Doch tun Sie bis zu diesem Tag alles, was Ihnen möglich ist, um sicherzustellen, dass Sie überhaupt eine Wahl haben, wenn es so weit ist. Denn in meinen 20 Jahren Berufsleben habe ich Folgendes ganz klar feststellen müssen:

Fast nie treffen Frauen eine einzelne Entscheidung, die dazu führt, dass sie aus der Erwerbstätigkeit ausscheiden. So läuft das nicht. Es sind die kleinen, unbedeutenden Entscheidungen, die sie irgendwann an diesen Punkt führen. Vielleicht sagen sie im letzten Jahr des Medizinstudiums: Ich nehme die etwas weniger interessante Fachrichtung, weil ich eines Tages eine bessere Work-Life-Balance haben möchte. Vielleicht sagen sie im fünften Jahr in der Anwaltskanzlei: Ich bin mir nicht mal sicher, ob ich die Partnerschaft anstreben soll, denn ich weiß, dass ich irgendwann Kinder haben möchte.

Diese Frauen befinden sich nicht einmal in Beziehungen, und schon versuchen sie, eine Balance zu finden, eine Balance zwischen Verpflichtungen, die sie noch gar nicht haben. Und von diesem Augenblick an beginnen sie heimlich, still und leise, sich zurückzunehmen. Das Problem daran: Oft merken sie es nicht einmal. Alle meine Bekannten, die freiwillig ein Kind zu Hause gelassen haben und zurück an den Arbeitsplatz gekommen sind (...), alle, die sich dafür entscheiden, werden Ihnen genau dasselbe sagen: Das machst du nur, wenn du einen faszinierenden Job hast.

Falls Sie schon vor Jahren aufgehört haben, nach neuen Herausforderungen zu suchen, dann werden Sie gelangweilt sein. Falls Sie für irgendeinen Typen arbeiten, der immer neben Ihnen saß und der eigentlich für Sie arbeiten sollte, dann werden Sie sich unterbewertet fühlen und Sie werden nicht zurückkommen. Meine tief empfundene Botschaft an Sie alle ist also – und bitte fangen Sie gleich jetzt an, darüber nachzudenken: Gehen Sie nicht schon, bevor sie wirklich gehen. Nehmen Sie sich nicht zurück, hängen Sie sich rein. Drücken Sie den Fuß aufs Gaspedal, und lassen Sie ihn dort bis zu dem Tag, an dem Sie eine Entscheidung treffen müssen, und treffen Sie dann Ihre Entscheidung. Nur so haben Sie, wenn es so weit ist, überhaupt eine Wahl.

wennnichtichwerdann.de/42

Ellen Johnson Sirleaf
Präsidentin von Liberia

(2006–2018)

2005 wurde Ellen Johnson Sirleaf zur Präsidentin von Liberia gewählt. Als erste gewählte weibliche Präsidentin Afrikas überantwortete man ihr ein Land, das unter den Nachwirkungen eines langen und brutalen Bürgerkriegs litt, in dem Vergewaltigung und der Einsatz von Kindersoldaten an der Tagesordnung waren. 2011 erhielt Sirleaf, die in Harvard studiert hat, gemeinsam mit der liberianischen Aktivistin Leymah Gbowee und der jemenitischen Journalistin und Aktivistin Tawakkol Karman den Friedensnobelpreis »für ihren gewaltlosen Einsatz für die Sicherheit von Frauen und ihr Recht auf uneingeschränkte Mitwirkung in der Friedensarbeit«. Sirleaf akzeptierte den Preis »im Namen aller Frauen Liberias, der Frauen Afrikas und der Frauen weltweit, die für Frieden, Gerechtigkeit und Gleichheit kämpfen«.

In ihrer Nobelpreisrede schilderte Sirleaf ihre Kindheit in Liberia, wo sie von ihren Eltern und Großmüttern dazu erzogen wurde, ein Leben als Dienende als Geschenk zu betrachten. Sie beschrieb, welch brutalen Preis Frauen in einem Land zahlen, das sich im Krieg befindet, und wie »unterfinanziert und unterbesetzt« das Bildungssystem für Mädchen immer noch sei. »Und dennoch gibt es Anlass zu Optimismus und Hoffnung«, sagte sie. »Die Fenster der verriegelten Kammern, in denen Männer und Frauen auf unaussprechliche Weise gequält wurden, werden geöffnet, und langsam kommt Licht herein.« Mit Blick auf ihre beiden Co-Preisträgerinnen sprach sie von »drei Frauen, die verbunden sind durch ihr Engagement für Veränderung. (...) Die Tatsache, dass wir – zwei Frauen aus Liberia – uns heute hier die Bühne mit einer Schwester aus dem Jemen teilen, sagt etwas über die Allgemeingültigkeit unseres Kampfes aus.«

Links: Ellen Johnson Sirleaf
Mitte: Leymah Gbowee
Rechts: Tawakkol Karman

Nobelpreisrede (2011)

» Das Nobelpreiskomitee kann uns drei Preisträgerinnen nicht ermächtigen, für alle Frauen zu sprechen. Aber es bietet uns eine Plattform, um zu Frauen auf der ganzen Welt zu sprechen, egal welcher Nationalität, Hautfarbe, Religion oder gesellschaftlicher Stellung. Ihr seid es, meine Schwestern, und besonders diejenigen, die erfahren haben, wie verheerend gnadenlose Gewalt sein kann, denen ich meine Rede und diesen Preis widme.

Zweifellos kam der Wahnsinn, der in den letzten Jahren in der Demokratischen Republik Kongo, in Ruanda, Sierra Leone, im Sudan, in Somalia, dem ehemaligen Jugoslawien und in meinem Liberia zu unbeschreiblicher Zerstörung geführt hat, in dem beispiellosen Maß an Grausamkeit gegen Frauen zum Ausdruck. (...) Mit der Verstümmelung unserer Körper und der Zerstörung all unseres Strebens bezahlten Frauen und Mädchen einen unverhältnismäßigen Preis für nationale und internationale bewaffnete Konflikte. Wir bezahlten mit Blut, mit Tränen und mit unserer Würde.

Heute finden überall auf der Welt Frauen, aber auch Männer, aus allen Lebensbereichen den Mut, »Nie wieder« zu sagen. Sie sagen es laut und deutlich, in Tausenden von Sprachen. Sie lehnen sinnlose Gewalt ab und verteidigen die Grundwerte der Demokratie, einer offenen Gesellschaft, der Freiheit und des Friedens.

Darum bitte ich meine Schwestern und meine Brüder eindringlich, keine Angst zu haben. Habt keine Angst, Unrecht anzuprangern, mögt ihr auch in der Unterzahl sein. Habt keine Angst, Frieden zu suchen, möge eure Stimme auch leise sein. Habt keine Angst, Frieden zu fordern. Wenn ich zu Mädchen und Frauen überall sprechen darf, will ich diese einfache Einladung an sie aussprechen: Meine Schwestern, meine Töchter, meine Freundinnen, findet eure Stimme!

Die politischen Kämpfe, die unsere Länder – Liberia, Jemen und andere – durchgemacht haben, werden nur dann von Bedeutung sein, wenn die neu entdeckte Freiheit neue Chancen für alle bietet. Wir sind uns sehr wohl bewusst, dass eine neue Ordnung, die aus dem Hunger nach Veränderung entstand, schnell in die Gesetzlosigkeit der Vergangenheit zurückfallen kann. Es ist wichtig, dass unsere Stimmen gehört werden. Findet eure Stimme! Und erhebt eure Stimme! Lasst eure Stimme eine Stimme der Freiheit sein!

 wennnichtichwerdann.de/43

Meine Schwestern, meine Töchter, meine Freundinnen, findet eure Stimme!

―――――

Ellen Johnson Sirleaf

Asmaa Mahfouz
Politische Aktivistin

Der Video-Blog, der half, die ägyptische Revolution zu entfachen (2011)

Anfang 2011, inmitten der Unruhen während der letzten Tage von Präsident Hosni Mubaraks 30-jähriger Herrschaft, setzten sich bei einer Kundgebung, die weltweit Aufsehen erregte, einige regierungskritische Protestierende selbst in Brand. Kurz darauf postete Asmaa Mahfouz, eine 26-jährige Aktivistin aus Kairo, auf ihrem Blog ein Video, in dem sie ihre Landsleute aufforderte, sich ihr bei einer anderen, unabhängigen Protestaktion am 25. Januar auf dem Tahrir-Platz anzuschließen. Das Video zeigt deutlich ihre Wut und ihren Mut, aber auch ihre Furchtlosigkeit; sie spricht selbstbewusst und blickt dabei direkt in die Kamera. Sie berichtet über eine frühere Demonstration gegen Mubarak, bei der sie von den Einsatzkräften schikaniert wurde: »Ich postete damals, dass ich, ein Mädchen, zum Tahrir-Platz gehe, und dort alleine sein werde.« Zur bevorstehenden Protestaktion sagt sie todesmutig: »Ich werde mich nicht in Brand stecken. Wenn die Sicherheitskräfte mich in Brand stecken wollen, lasst sie kommen und es tun.«

Mahfouz' Video ging viral und löste Solidaritätsbekundungen in ganz Ägypten und im Ausland aus. Am 24. Januar postete sie ein weiteres Video, in dem sie zur Teilnahme aufforderte, und am Tag des geplanten Protests strömten Zehntausende Ägypter*innen auf den Tahrir-Platz. Gewaltsame Proteste erfassten auch die umliegenden Städte und führten am 11. Februar 2011 zum Rücktritt Mubaraks. Die Aufstände gehörten zu einer Welle radikaler Veränderungen, die auch Ägyptens Nachbarländer erfassten: Die Revolutionen in Tunesien, Jemen, Libyen, Syrien, Bahrain und anderswo werden heute unter dem Begriff »Arabischer Frühling« zusammengefasst. Mahfouz' Worte gelten weithin als Initialzündung. »Zu Hause zu sitzen und uns nur in den Nachrichten oder auf Facebook zu folgen, führt zu unserer Demütigung, führt zu meiner Demütigung«, sagt sie in ihrem Video-Blog. Gezielt setzt sie ihre Identität als Frau ein, um ganz speziell Männer anzusprechen. Sie scheint zu sagen: Wenn ich das kann, warum könnt ihr es nicht?

» Ich mache dieses Video, um euch eine einfache Botschaft zu schicken. Wir wollen am 25. Januar zum Tahrir-Platz gehen. Wenn wir noch Ehre besitzen und in diesem Land in Würde leben wollen, müssen wir am 25. Januar dorthin. Wir werden hingehen und unsere Rechte einfordern, unsere fundamentalen Menschenrechte. (...) Ich will gar nicht von politischen Rechten sprechen. Wir wollen nur unsere Menschenrechte und sonst nichts. (...)

Wer sagt, Frauen sollten nicht zu Protesten gehen, weil man sie verprügeln wird, der möge Ehre und Männlichkeit genug haben, am 25. Januar mit mir zu kommen. Wer sagt, das sei es nicht wert, weil da nur eine Handvoll Leute sein werden, dem will ich sagen: Dann bist du der Grund dafür und du bist ein Verräter, genau wie der Präsident oder irgendein Sicherheitspolizist, der uns auf der Straße verprügelt. Dass du an unserer Seite bist, macht den Unterschied, einen großen Unterschied! (...) Geht auf die Straße, sendet SMS, postet es im Netz, macht Leute aufmerksam. Ihr kennt euer soziales Netzwerk, euer Haus, eure Familie, eure Freunde, sagt ihnen, sie sollen mit uns kommen. (...) Statt uns selbst anzuzünden, lasst uns etwas Positives tun, es wird einen Unterschied machen, einen großen Unterschied.

Sagt nie, es gäbe keine Hoffnung! Hoffnung verschwindet nur, wenn man sagt, es gäbe keine. Solange ihr mit uns geht, gibt es Hoffnung. Habt keine Angst vor der Regierung, fürchtet niemanden außer Gott! Gott sagt, dass Er »nichts an der Lage eines Volkes ändern wird, ehe es nichts in sich selbst verändert« (Koran 13:11). Glaubt nicht, dass ihr noch sicher sein könnt. Keiner von uns ist das! Kommt mit uns, fordert eure Rechte ein, meine Rechte, die Rechte eurer Familie. Ich gehe am 25. Januar hin und ich werde »Nein« sagen zur Korruption, »Nein« zu diesem Regime!

Manal al-Sharif
Frauenrechtsaktivistin

Die Fahrt zur Freiheit
(2012)

An einem Abend im Jahr 2011 verließ Manal al-Sharif die Praxis ihres Arztes in Al-Khobar im Osten Saudi-Arabiens. Auf der Straße begann sie, sich unsicher zu fühlen. Sie konnte keine Mitfahrgelegenheit nach Hause finden, und ein Auto folgte ihr. Am nächsten Tag vertraute sie einer Kollegin an, wie frustriert sie war, dass sie in ihrem eigenen Land nicht selbst fahren durfte, obwohl sie einen internationalen Führerschein besaß. Nach diesem Vorfall richtete sie eine Facebook-Seite und einen Twitter-Account ein und forderte alle saudischen Frauen, die einen Führerscheins besaßen, auf, sich an einer Protestfahrt zu beteiligen. Sie hatte herausgefunden, dass es kein offizielles Gesetz gab, das Frauen das Fahren untersagte, sondern nur ein inoffizielles Verbot. Bald darauf filmte sie sich selbst beim Fahren, und das Video ging schnell viral. Am nächsten Tag wurde al-Sharif verhaftet und für neun Tage ins Gefängnis gesperrt.

Das öffentliche Gesicht dieser Women2Drive-Kampagne zu sein, war weder für die geschiedene Mutter eines Sohnes noch für ihre Eltern einfach. Sie flehten sie an aufzuhören. Aber die Bewegung gewann an Zuspruch – andere Frauen posteten ebenfalls Videos von sich am Steuer. 2012 verlieh man ihr den Václav-Havel-Preis für kreativen Dissens und lud sie ein, eine Rede in Oslo zu halten. Ihr Arbeitgeber hatte Einwände – al-Sharif kündigte. Nach ihrer Rede wurde eine Fatwa gegen sie verhängt, und al-Sharif emigrierte schließlich nach Australien. Ihren Sohn musste sie wegen des Scheidungsrechts, das Väter begünstigt, zurücklassen. Doch ihre Rede war ein Erfolg, und im September 2017 erfuhr sie, dass das Fahrverbot für saudische Frauen aufgehoben worden war. In ihrer Rede erinnert sie sich an ihr erstes Video, das sie von sich am Steuer gepostet hatte. »Ich zeigte mein Gesicht, ich sprach mit meiner Stimme, ich verwendete meinen echten Namen«, sagte sie. »Für mich war die Zeit der Angst und des Schweigens vorbei. Einst ängstigte mich das, was ich bin: eine Frau. Nun wollte ich für mich selbst einstehen.«

» Ich sage meiner Mutter immer: »Sie können mir Handschellen anlegen und mich hinter Gitter stecken, aber ich werde nie akzeptieren, dass sie meinem Geist Fesseln anlegen. Sie können meine Knochen brechen, Mama, aber nie meine Seele.«

Nach Jahren der Passivität und geflüsterter Beschwerden, nach so vielen Jahren, in denen wir Petitionen unterzeichnet und auf eine Antwort gewartet hatten, die niemals kam, entschieden wir endlich, dass die Zeit des Schweigens vorbei war. Wir handelten, um unsere Realität zu verändern. Warten führt zu nichts außer zu weiterem Warten und weiterer Frustration. Doch traurigerweise warten Frauen auch ein Jahr später immer noch auf ein Wunder, das ihre Wirklichkeit verändert. Sie warten noch immer auf einen königlichen Erlass, der das Fahrverbot für Frauen aufhebt. Sie wissen nicht, dass er nie kommen wird. Es ist an ihnen, den Schlüssel zu nehmen, sich ans Steuer zu setzen und einfach zu fahren. So einfach es klingt, so einfach ist es.

Ich glaube, Kinder können nicht frei sein, wenn ihre Mütter es nicht sind, Eltern können nicht frei sein, wenn ihre Töchter es nicht sind, Ehemänner können nicht frei sein, wenn ihre Frauen nicht frei sein können, die Gesellschaft ist nichts, wenn Frauen nichts sind.

Für mich beginnt Freiheit im Inneren. Hier (in meinem Herzen) weiß ich, dass ich frei bin. Aber dort, in Saudi-Arabien, da bin ich sicher, hat der Kampf erst begonnen; der Kampf wird enden, aber ich bin nicht sicher, wann. Bei dem Kampf geht es nicht darum, ein Auto fahren zu dürfen, es geht darum, am Lenkrad unseres eigenen Schicksals zu sitzen und dass wir nicht nur die Freiheit haben zu träumen, sondern die Freiheit zu leben.

 wennnichtichwerdann.de/45

Julia Gillard
Premierministerin von Australien
(2010–2013)

Julia Gillard war die erste Premierministerin Australiens. Sie hielt 2012 eine Rede vor dem Parlament, die sehr bald als »Misogyny Speech« oder »Rede gegen den Frauenhass« bekannt wurde. Leidenschaftlich und unbeirrt vom Hohn und Spott aus den Rängen, widersprach sie dem Antrag des Oppositionsführers Tony Abbott, den Parlamentspräsidenten Peter Slipper zu entlassen. Abbott behauptete, Slipper sei seines Amtes nicht würdig, weil er mehrere sexistische Textnachrichten verschickt hatte. Mit knallharten Formulierungen bezichtigte Julia Gillard Abbott der Heuchelei. Was als mittelgroßer Skandal in der australischen Innenpolitik begann, löste eine internationale Debatte über Sexismus in der Politik aus: Die »Misogyny Speech« wurde über drei Millionen Mal angeklickt.

Julia Gillard erinnert an Abbots Äußerungen über die bügelnden »Hausfrauen Australiens« (»Vielen Dank für dieses Bild einer modernen australischen Frau«) sowie an Abbotts Haltung zur Abtreibung: »Ich war persönlich sehr brüskiert, als der Oppositionsführer in seiner Zeit als Gesundheitsminister sagte, ich zitiere: ›Abtreibung ist die bequemste Lösung.‹« Sie wirft ihm vor, neben Schildern posiert zu haben, auf denen Gillard als Hexe bezeichnet wurde, darüber hinaus sei er mit Slipper befreundet. »So eine Heuchelei darf nicht geduldet werden«, sagte sie. »Der Oppositionsführer sollte sich ernsthaft Gedanken über die Rolle der Frau im öffentlichen Leben und in der australischen Gesellschaft machen, denn wir haben ein höheres Niveau als dieses verdient.«

Ich lasse mir von diesem Mann nichts über Sexismus und Frauenfeindlichkeit erzählen (...).

Julia Gillard

Rede gegen die Frauenfeindlichkeit (2012)

》 Vielen Dank, Frau Vizepräsidentin. Ich möchte an dieser Stelle Argumente gegen den Antrag des Oppositionsführers vorbringen. Ich lasse mir von diesem Mann nichts über Sexismus und Frauenfeindlichkeit erzählen, ganz bestimmt nicht. Auch die Regierung lässt sich von diesem Mann nichts über Sexismus und Frauenfeindlichkeit erzählen. Heute nicht und auch nicht in Zukunft.

Der Oppositionsführer sagt, Menschen mit sexistischen und frauenfeindlichen Ansichten seien eines hohen Amtes nicht würdig. Hoffentlich hat er ein Blatt Papier dabei, um gleich sein Rücktrittsgesuch zu schreiben. Wenn er nämlich wissen will, wie Frauenfeindlichkeit im modernen Australien aussieht, braucht er keinen Antrag im Repräsentantenhaus zu stellen, er braucht nur einen Spiegel.

(...) Bei einer Diskussion über die geringe Zahl von Frauen in den australischen Schaltstellen der Macht sagte er zu dem Moderator namens Stavros, ich zitiere: »Stavros, wenn Männer im Großen und Ganzen tatsächlich mehr Macht haben als Frauen, ist das denn so schlecht?« (...) Das ist der Mann, von dem wir uns etwas über Sexismus erzählen lassen sollen. (...)

Auch mich hat der Oppositionsführer mit seinen sexistischen Ansichten, seinem Frauenhass brüskiert, als er mir als Premierministerin über diesen Tisch hier zurief: »Wenn die Premierministerin auf politischer Ebene eine ehrliche Frau aus sich machen will ...« So etwas hätte er zu einem Mann in gleicher Position niemals gesagt. Der Oppositionsführer hat mich brüskiert, als er das Parlamentsgebäude verließ und sich neben ein Schild stellte, auf dem stand: »Weg mit der Hexe.«

(...) Jeden Tag serviert uns dieser Oppositionsführer aufs Neue Frauenfeindlichkeit und Sexismus. (...) Vernunft, gesunder Menschenverstand, korrekte Verfahrensweisen sollten in diesem Parlament vorherrschen. (...) Nicht die Doppelmoral und die politischen Spielchen, die uns von dem Oppositionsführer aufgezwungen werden, der jetzt auf die Uhr sieht, offenbar weil eine Frau zu lange gesprochen hat.

Er hat mich in der Vergangenheit schon angebrüllt, ich solle den Mund halten. Aber ich nutze die letzten Sekunden der mir verbleibenden Redezeit, um den Oppositionsführer dazu aufzurufen, dass er sich einmal Gedanken machen sollte: über das Niveau, das er in der Öffentlichkeit an den Tag legt, über die Verantwortung, die er für seine öffentlichen Aussagen übernehmen sollte, über seine enge persönliche Verbindung zu Peter Slipper und über die Heuchelei, die er heute in diesem Haus zur Schau gestellt hat.

 wennnichtichwerdann.de/46

Malala Yousafzai
Aktivistin für weibliche Bildung

2012 saß die 15-jährige Malala Yousafzai in einem Bus in Pakistan. Sie war auf dem Heimweg von der Schule, als zwei Mitglieder der Taliban das Fahrzeug stoppten und dreimal auf sie schossen. Eine Kugel trat in ihren Kopf ein und wieder aus, was zu einer teilweisen Lähmung ihres Gesichts führte. Sie wurde in ein pakistanisches Krankenhaus geflogen und später ins englische Birmingham verlegt, wo sie dank intensiver Behandlung überlebte. Yousafzais Geschichte und ihr außergewöhnlicher Mut erregten weltweit Aufsehen. Vor dem Angriff hatte sie sich einen Namen als lautstarke Kritikerin des Schulverbots für Mädchen gemacht, das die Taliban verhängt hatten. Sie beklagte die Zerstörung Hunderter Schulen in ihrer Heimatregion Swat. Ihre Kritik äußerte sie im Lokalfernsehen und begann, für die BBC anonym über ihre Erfahrungen zu bloggen.

In ihrer Dankesrede für den Friedensnobelpreis, den sie 2014 zusammen mit dem indischen Aktivisten Kailash Satyarthi erhielt, spielte sie scherzhaft auf ihr Alter an (sie ist die jüngste und die erste pakistanische Preisträgerin). Sie sei die erste Friedensnobelpreisträgerin, die noch mit ihren jüngeren Brüdern streite. Sie wies auf das Fehlen einer weiterführenden Schule für Mädchen in ihrer Heimatstadt hin und bekräftigte, dass sie sich für den Bau engagiere. Vor allem nutzte sie den öffentlichen Auftritt, um anderen eine Stimme zu geben – die Auszeichnung gehöre nicht nur ihr, sondern allen Kindern, die sich nach Bildung sehnen. »Auch wenn es scheint, als stünde hier nur ein Mädchen, ein Mensch, der 1,57 Meter groß ist, wenn Sie meine hohen Absätze mitrechnen«, sagte sie, »ich bin keine einsame Stimme, ich bin viele.«

Nobelpreisrede (2014)

» Ich habe festgestellt, dass man mich ganz unterschiedlich beschreibt. Manche nennen mich das Mädchen, das von den Taliban niedergeschossen wurde.

Und manche sagen, ich sei das Mädchen, das für seine Rechte kämpfte. Für andere Leute bin ich jetzt »die Nobelpreisträgerin«.

Meine Brüder nennen mich allerdings immer noch ihre nervige, rechthaberische Schwester. Soweit ich weiß, bin ich einfach ein engagierter und sogar sturer Mensch, der will, dass jedes Kind eine gute Bildung bekommt, der will, dass Frauen dieselben Rechte haben, und der will, dass Frieden in jeder Ecke der Welt herrscht.

Bildung ist eine der Segnungen des Lebens – und eine seiner Notwendigkeiten. Das haben mich die 17 Jahre meines Lebens gelehrt. In meiner paradiesischen Heimat Swat habe ich es stets geliebt, zu lernen und Neues zu entdecken. Ich erinnere mich, wie meine Freundinnen und ich unsere Hände zu besonderen Anlässen mit Henna verzierten. Aber anstelle von Blumen und Mustern haben wir sie mit mathematischen Formeln und Gleichungen bemalt. (...)

Aber die Dinge änderten sich. Als ich in Swat war, ein beliebtes Reiseziel und ein wunderschöner Ort, verwandelte er sich plötzlich in einen Ort des Terrors. Ich war erst zehn, als über 400 Schulen zerstört wurden. Frauen wurden ausgepeitscht. Menschen wurden getötet. Und unsere schönen Träume wurden zu Albträumen.

Bildung wurde von einem Anrecht zum Verbrechen.

Mädchen wurden gehindert, zur Schule zu gehen.

Als sich meine Welt plötzlich veränderte, änderten sich auch meine Prioritäten.

Ich hatte zwei Möglichkeiten. Eine war, stumm zu bleiben und darauf zu warten, dass man mich tötet. Die zweite war, zu sprechen und dann getötet zu werden.

Ich wählte die zweite. Ich beschloss, das Wort zu ergreifen. (...)

Ich erzähle meine Geschichte, nicht weil sie einzigartig ist, sondern eben weil sie es nicht ist. Es ist die Geschichte vieler Mädchen (...).

Woran liegt es, dass Länder, die wir »stark« nennen, so erfolgreich darin sind, Kriege anzufangen, aber so schwach darin sind, Frieden zu schaffen? Warum ist es so einfach, Gewehre zu verteilen, aber so schwer, Bücher zu verteilen? (...)

Lasst es das letzte Mal sein, dass ein Mädchen oder ein Junge seine Kindheit in einer Fabrik verbringt.

Lasst es das letzte Mal sein, dass ein Mädchen in eine Kinderehe gezwungen wird.

Lasst es das letzte Mal sein, dass ein Kind sein Leben im Krieg verliert.

Lasst es das letzte Mal sein, dass wir ein Kind sehen, das nicht zur Schule geht.

Lasst es mit uns enden.

 wennnichtichwerdann.de/47

Ich erzähle meine Geschichte, nicht weil sie einzigartig ist, sondern eben weil sie es nicht ist. Es ist die Geschichte vieler Mädchen (...).

Malala Yousafzai

Emma Watson
Schauspielerin und Aktivistin

Mit ihrem ersten Auftritt als altkluge Zauberin Hermine in der *Harry-Potter*-Filmreihe wurde die britische Schauspielerin Emma Watson 2001 mit gerade mal elf Jahren zum Superstar. Fortan stand der Hollywood-Neuling (Watson hatte zuvor lediglich Schultheater gespielt) im Licht der Weltöffentlichkeit und war in sieben weiteren Verfilmungen der Fantasyromane von J. K. Rowling (siehe Seite 120) zu sehen. Nachdem der letzte Teil der Saga abgedreht war, widmete Watson sich ihrem Studium an der Brown University in Rhode Island, das sie 2014 abschloss – und fing an, sich in der Frauenbewegung zu engagieren. In ihrer Funktion als Sonderbotschafterin für UN Women bereist sie seither Länder wie Uruguay und Malawi, um sich dort für die Belange von Frauen starkzumachen. 2016 rief sie unter großer medialer Aufmerksamkeit den feministischen Online-Buchclub »Our Shared Shelf« (Unser geteiltes Bücherregal) ins Leben, der nach ein paar Wochen bereits 100 000 Mitglieder verzeichnete. Ein Jahr zuvor nahm das Nachrichtenmagazin *TIME* sie in seine alljährliche Liste der 100 einflussreichsten Persönlichkeiten der Welt auf, vor allem wegen ihrer Verdienste um die Gleichberechtigung von Frauen und Mädchen.

2014 gab Watson vor den Vereinten Nationen in New York City den offiziellen Startschuss für die HeForShe-Kampagne, mit der die UN Männer stärker in die Diskussion um eine Gleichstellung der Geschlechter einbeziehen will. Das Video von Watsons Rede, in der sie die negativen Auswirkungen von Rollenklischees auf Frauen wie auf Männer hervorhebt, wurde auf YouTube binnen kürzester Zeit millionenfach angeklickt. An einer ergreifenden Stelle verweist Watson auf Hillary Clinton, die im Jahr 1995 (siehe Seite 116) Frauenrechte zu Menschenrechten erklärte und betonte, wie viel noch zu tun sei. Das Wort »Feminismus«, so die Schauspielerin, werde allzu oft mit Männerhass in Verbindung gebracht, dabei litten Männer genauso sehr unter einer Welt ohne Gleichberechtigung. HeForShe will Männer und Jungen für den Kampf um Frauenrechte solidarisieren, da dieser alle Geschlechter angeht, und damit quer durch die Gesellschaft Verbündete und Mistreiter in Sachen Gleichstellung gewinnen.

Zum Start der HeForShe-Kampagne
(2014)

» Dass auch Männer in Geschlechterstereotypen gefangen sind, darüber wird oft kein Wort verloren. Dabei ist das im Grunde doch vollkommen klar, und wenn Männer frei sind, wird sich auch für uns Frauen automatisch etwas ändern.

Wenn Männer nicht mehr aggressiv sein müssen, um akzeptiert zu werden, fühlen Frauen sich nicht mehr gezwungen, sich ständig zu fügen. Wenn Männer nicht mehr beherrschen müssen, müssen Frauen nicht mehr beherrscht werden.

Männer wie Frauen sollen Gefühle zeigen dürfen. Männer wie Frauen sollen sich stark fühlen dürfen. Es ist an der Zeit, dass wir Geschlecht als Spektrum begreifen, nicht als zwei gegensätzliche Lebensentwürfe.

Wenn wir einander nicht mehr darüber definieren, was wir nicht sind und stattdessen darüber, was wir sind – dann können wir alle freier leben, und darum geht es bei HeForShe. Um Freiheit.

Ich will, dass Männer sich dieser Aufgabe annehmen. Damit ihre Töchter, Schwestern und Mütter nicht mehr unter Vorurteilen zu leiden haben, aber auch, damit ihre Söhne sich in Zukunft trauen, verletzlich und mitfühlend zu sein. Diese vergessenen Seiten an sich gilt es zurückzuerobern, um dabei als Mensch wahrhaftiger und vollkommener zu werden.

(...) Es ist nicht leicht, einen Begriff zu finden, der uns eint, aber zum Glück gibt es dafür nun eine Bewegung. Sie nennt sich HeForShe. Ich will Sie ermutigen, nach vorne zu treten, um in aller Öffentlichkeit das Wort zu ergreifen, um der »Er« für »Sie« zu sein. Und sich zu fragen: Wenn nicht ich, wer dann? Wenn nicht jetzt, wann?

Ich will Sie ermutigen, nach vorne zu treten, um in aller Öffentlichkeit das Wort zu ergreifen, um der »Er« für »Sie« zu sein. Und sich zu fragen: Wenn nicht ich, wer dann? Wenn nicht jetzt, wann?

———

Emma Watson

Jane Goodall
Verhaltensforscherin und Naturschützerin

Als kleines Mädchen war Jane Goodall fasziniert von der Frage, wo die Eier herkommen. Eines Nachmittags, in der Hoffnung, so das Rätsel zu lösen, versteckte sie sich so lange im Hühnerstall, dass ihre Eltern die Polizei riefen. Als ihre Mutter sie fand, schimpfte sie nicht. Stattdessen hörte sie zu, als ihre Tochter aufgeregt ihre Entdeckungen schilderte: Sie war eine angehende Wissenschaftlerin. Schon ihr ganzes Leben begeistert Goodall sich für Tiere und die Natur. 1960, mit gerade einmal 26 Jahren und ohne College-Abschluss, brach sie zum Gombe-Nationalpark in Tansania auf, um dort zum ersten Mal wilde Schimpansen zu studieren – der Beginn einer Forschungsarbeit, die nun fast 60 Jahre andauert. Zu ihren bahnbrechenden Erkenntnissen zählt die Entdeckung, dass Schimpansen, ähnlich wie Menschen, Werkzeuge bei der Futtersuche einsetzen. Wer war Goodalls erste Verbündete, die ihr diese Entdeckungsreise ermöglichte? Ihre Mutter.

Seit ihrer ersten Reise nach Gombe ist Goodall Außerordentliches gelungen, sowohl als Wissenschaftlerin als auch als Aktivistin. 1965 promovierte sie (als eine der wenigen ohne den notwendigen akademischen Grad) an der Universität Cambridge in Ethologie, dem Studium der Verhaltensbiologie. 1977 gründete sie das Jane Goodall Institute, eine weltweit tätige Naturschutzorganisation, und 1991 Roots & Shoots, das vor allem Kindern und Jugendlichen Projekte ermöglicht, von denen ihre Gemeinden, die Tiere und die Natur profitieren. Für ihr entschlossenes Engagement für den Umweltschutz wurde sie 2004 mit der Ernennung zur Dame Commander of the Order of the British Empire geehrt. Ganz die unerschütterliche Optimistin, hielt sie 2016 eine Vorlesung mit dem Titel »Sich um die Erde kümmern – Gründe zur Hoffnung« und war zugleich die personifizierte und verblüffende Antwort auf ihre eigene Frage: »Ich bin ein einzelner Mensch, was kann ich tun?«.

Sich um die Erde kümmern – Gründe zur Hoffnung (2016)

» Jeder Einzelne von uns, jeder Einzelne von uns beeinflusst jeden einzelnen Tag diesen Planeten. Es vergeht kein Tag, an dem wir ihn nicht beeinflussen.

Und wir haben die Wahl. Sicherlich hat jeder in diesem Raum die Wahl. Manche Menschen haben in ihrem Leben nur wenige Entscheidungsmöglichkeiten, aber wir haben sie. Und wenn wir anfangen, über die Konsequenzen dieser Entscheidungen nachzudenken, die wir jeden Tag treffen – über all die kleinen Dinge: was wir kaufen, was wir essen, was für Kleider wir tragen, woher sie stammen, wie sie hergestellt wurden, verursachte ihre Herstellung Tierquälerei, sind sie das Produkt der Arbeit von Kindersklaven an einem weit entfernten Ort, haben sie der Umwelt geschadet, all sowas –, dann fangen wir an, weisere Entscheidungen zu treffen. Wir können uns auch fragen: Brauchen wir das wirklich, ist das notwendig, müssen wir das kaufen?

(...) Wenn man über alles nachdenkt, macht das Angst. Ich bin ja nur ein einzelner Mensch, was kann ich tun? Es macht keinen Sinn, etwas zu tun, ich bin ja hilflos und ohne Hoffnung. Also tun die Leute nichts, verdrängen es und denken nicht einmal darüber nach. Sie wollen nicht darüber nachdenken, weil es sie deprimieren würde.

Es ist diese Apathie, die überwunden werden muss. Vor allem bei jungen Menschen habe ich eines festgestellt: Wenn ihnen klar wird, ja, ich allein, ich kann gar nichts tun, aber treffen Hunderte oder Tausende oder Millionen oder irgendwann vielleicht Milliarden Menschen die richtigen Entscheidungen, versuchen alle, einen etwas kleineren ökologischen Fußabdruck zu hinterlassen, dann schaffen wir eine Welt, die wir unseren Nachkommen zufriedener hinterlassen können.

Michelle Obama

First Lady der USA (2009–2017) und Anwältin

Michelle Obama gehört zu den großen Rednerinnen unserer Zeit. Mit ihrem Charisma und ihrem eindrucksvollen Talent, das Publikum für sich einzunehmen, steht sie ihrem Mann Barack Obama in nichts nach. In den acht Jahren als First Lady engagierte sie sich für vielfältige Themen, von Übergewicht bei Kindern bis zu LGBT-Rechten. Michelle Obama, die auf Chicagos South Side aufwuchs, folgte zunächst ihrem älteren Bruder an die Princeton University (weder ihr Vater noch ihre Mutter hatten einen Hochschulabschluss) und besuchte nach ihrem Abschluss die Harvard Law School. Barack Obama lernte sie als junge Anwältin bei der Großkanzlei Sidley & Austin in Chicago kennen, wo sie seine Mentorin war.

Im Jahre 2016 hielt Michelle Obama im Rahmen des Wahlkampfs der damaligen Präsidentschaftskandidatin Hillary Clinton vor dem Parteitag der Demokraten eine sehr emotionale Rede, in der sie auf ihre Erfahrung als Mutter im Weißen Haus zurückblickt. Damit schlug sie eine Brücke zwischen der Elternrolle und der Politik, ein wirkungsstarkes und kluges Plädoyer für Frauen in Führungspositionen. Sie eröffnete ihre Rede mit einer Erinnerung an den ersten Tag, als sie ihre Töchter, damals sieben und zehn, in »diesen schwarzen Geländewagen« sitzen sah. »In diesem Moment«, sagte sie, »wurde mir klar, dass unsere Zeit im Weißen Haus das Fundament für die Entwicklung ihrer Persönlichkeit bilden würde. Unser Umgang mit dieser Erfahrung würde beeinflussen, ob Sasha und Malia gestärkt oder gezeichnet daraus hervorgingen.«

(...) unser Motto lautet: Wenn sie sich von ihrer schlechtesten Seite zeigen, zeigen wir uns von unserer besten!

Michelle Obama

Rede vor dem Parteitag der Demokraten (2016)

» Daran denken wir jeden Tag, den Barack und ich unsere Mädchen durch dieses ungewöhnliche Leben im Rampenlicht begleiten und dabei zu schützen versuchen: wie wir sie dazu anhalten, diejenigen zu ignorieren, die die Staatsbürgerschaft oder Religion ihres Vaters in Zweifel ziehen. Wie wir darauf beharren, dass die hasserfüllte Sprache, die ihnen im Fernsehen entgegenschlägt, nicht den wahren Geist dieses Landes widerspiegelt. Wie wir ihnen sagen, dass man sich mit denen, die grausam sind oder andere schikanieren, nicht auf dasselbe Niveau begeben soll – nein, unser Motto lautet: Wenn sie sich von ihrer schlechtesten Seite zeigen, zeigen wir uns von unserer besten! Wir wissen, dass unsere Kinder jedes unserer Worte hören und jede unserer Taten beobachten. Als Eltern sind wir ihre wichtigsten Vorbilder. Und ich möchte Ihnen sagen, dass Barack und ich unsere Aufgaben als Präsident und First Lady mit derselben Ernsthaftigkeit ausüben, denn wir wissen, dass unsere Worte und Taten wichtig sind, und zwar nicht nur für unsere Töchter, sondern für alle Kinder in diesem Land – Kinder, die zu uns sagen: »Ich habe Sie im Fernsehen gesehen. Ich habe in der Schule einen Aufsatz über Sie geschrieben«. Kinder wie der kleine schwarze Junge, der mit großen Augen zu meinem Mann aufblickte und hoffnungsvoll fragte: »Sehen meine Haare aus wie Ihre?« (...) Ich will eine Präsidentin, die unseren Kindern vermittelt, dass jeder Mensch in diesem Land wichtig ist. Eine Präsidentin, die aufrichtig an die vor so vielen Jahren verkündete Vision unserer Vorväter glaubt: dass alle Menschen gleich sind und ein jeder ein geschätzter Teil der großen amerikanischen Geschichte. Und im Angesicht einer Krise wenden wir uns nicht gegeneinander – nein, wir hören einander zu. Wir geben einander Halt. Weil wir gemeinsam immer stärker sind. Ich bin heute Abend hier, weil ich weiß, dass Hillary Clinton eine solche Präsidentin sein wird. (...) Denn Hillary versteht, dass es beim Präsidentenamt nur um eines geht: dafür zu sorgen, dass unsere Kinder eine bessere Zukunft haben. So haben wir unser Land stets vorangebracht – indem wir für unsere Kinder zusammengekommen sind –, wie die Leute, die jede Woche freiwillig antreten, um eine Mannschaft zu trainieren oder unsere Kinder in der Sunday School zu unterrichten, weil sie wissen, dass man ein ganzes Dorf braucht, um Kinder großzuziehen. Helden und Heldinnen jeder Hautfarbe und Herkunft, die Uniform tragen und ihr Leben riskieren, um den Segen der Freiheit an die nächsten Generationen weiterzugeben. (...) Das ist die Geschichte dieses Landes und die Geschichte, die mich heute Abend auf diese Bühne geführt hat, die Geschichte von Generationen, die die Knute der Knechtschaft zu spüren bekommen haben, die Scham der Sklaverei, den Stachel der Segregation, und die dennoch weiterkämpften, hofften und das Nötige taten, sodass ich jeden Morgen in einem Haus erwachen kann, das von Sklaven erbaut wurde, und sehen kann, wie meine Töchter, zwei wunderschöne, intelligente, schwarze junge Frauen, mit den Hunden auf dem Rasen des Weißen Hauses spielen. Und wegen Hillary Clinton finden es meine Töchter – alle unsere Söhne und Töchter – heute selbstverständlich, dass eine Frau Präsidentin der Vereinigten Staaten von Amerika werden kann.

 wennnichtichwerdann.de/50

Gloria Steinem
Journalistin und Frauenrechtlerin

Müsste sich die moderne US-Frauenbewegung auf eine Leitfigur verständigen, wäre das höchstwahrscheinlich Gloria Steinem. Nachdem die Journalistin sich in den Sechzigerjahren mit aufsehenerregenden Reportagen zur Stellung der Frau in der amerikanischen Gesellschaft einen Namen gemacht hatte, folgte 1971 die Gründung des feministischen Magazins *Ms*. Im selben Jahr hielt sie eine Rede vor den Mitgliedern des National Women's Political Caucus, einer landesweiten Frauenorganisation, die sie mit ins Leben gerufen hatte. »Das hier ist nicht nur eine Reform«, heißt es in ihrer »Address to the Women of America«. »Es ist eine Revolution.«

Beim Women's March in Washington, D. C., ließ sie am 21. Januar 2017 vor rund 500 000 Zuhörer*innen ihre lange Laufbahn als Aktivistin noch einmal Revue passieren. Dabei würdigte sie den Protest, der einen Tag nach Präsident Trumps Amtseinführung stattfand, als »frauengeführten Marsch für alle«. »Ich habe mal überlegt, was ein langes Leben so für sich hat. Ein Vorteil ist, dass man sich immer an Zeiten erinnert, als es noch schlimmer war«, rief Steinem ihrem Publikum die tödlichen Attentate auf Martin Luther King jr. und Malcolm X in Erinnerung. Zum Schluss richtete sie den Blick in die Zukunft: »Trump und seine Handlanger haben für jeden Hühnerstall in Washington einen Fuchs gefunden. Ein twitternder Finger hat an einem Abzug nichts verloren.« Bei seiner Amtseinführung habe Trump behauptet, »er stehe aufseiten des Volkes. Ach was, er *sei* das Volk«, erinnert sich Steinem. »In Anlehnung an ein berühmtes Zitat fällt mir dazu nur ein: Ich kenne das Volk, und du bist es nicht. Wir sind das Volk.«

Rede beim Women's March (2017)

>> Allein bei diesem Marsch heute in Washington waren 1 000 Busse mehr im Einsatz als bei Trumps Amtseinführung. 1 000 Busse mehr. Ich habe gerade mit den Veranstaltern von unseren diversen Schwestermärschen gesprochen, und von den Frauen in Berlin soll ich euch etwas ausrichten: »Wir Berliner wissen, dass Mauern keine Lösung sind.«

Und denkt nur an Polen, wo die Regierung vor ein paar Wochen ein Anti-Abtreibungsgesetz verabschiedet hat. Sechs Millionen Frauen sind dagegen auf die Straße gegangen, und am Ende wurde das Gesetz gekippt. Wir sind das Volk. Das Volk hat die Macht und wird sie nutzen, auch wenn ihr immer wieder versucht, uns auszubremsen. Erst kürzlich wolltet ihr zum Beispiel das Congressional Ethics Committee auflösen. Doch ihr musstet die Kommission wieder einsetzen, nicht? Wegen der Macht des Volkes. Denn das, *das* ist die andere Seite der Kehrseite. So eine Welle der Begeisterung, so ein Aufbäumen echter Demokratie habe ich mein ganzes langes Leben noch nicht gesehen. Diese Bewegung kennt kein Alter, und ihre Vielfalt kennt keine Grenzen. Denkt daran: In der Verfassung steht nicht »Ich, der Präsident«. Da steht »Wir, das Volk«.

Versucht also bloß nicht, einen Keil zwischen uns zu treiben. Wenn ihr die Meldepflicht für Muslime einführt, werden wir uns alle als Muslime registrieren lassen. Manche Frauen hier arbeiten für Konzerne, für Medien und andere Unternehmen, die es einem ganz schön schwer machen, offen für das einzutreten, woran man glaubt. Und manche Frauen hier haben sich aus einer nationalen, einer globalen Sexindustrie befreit, die aus dem Missbrauch ihrer Körper Profit schlägt. Heute kämpfen wir gemeinsam für körperliche Unversehrtheit. Denn wer keine Kontrolle darüber hat, was *in* seinem Körper passiert, der hat auch keine Kontrolle darüber, was *mit* ihm passiert – der hat keine Kontrolle über sein Leben. Unser Leben. Deshalb steht uns das Recht zu, selbst zu entscheiden, ob und wann wir ein Kind in die Welt setzen wollen, und zwar ohne dass sich die Regierung einmischt.

Wir stehen für eine absolute Demokratie, und zwar weltweit. Deshalb geben wir keine Ruhe, deshalb lassen wir uns nicht bevormunden, deshalb bauen wir an einer Welt, in der alle Nationen vernetzt sind. (...) Wir sind eins miteinander, wir blicken nicht auf, wir blicken einander an. Daddy wird nicht mehr um Erlaubnis gefragt. Wir gehören alle zusammen. Hierarchien gibt es nicht. Und der heutige Tag wird uns für immer verändern, weil wir ihn gemeinsam erlebt haben. An jeder von uns wird sich ein Wandel vollziehen, und damit an unserer Gemeinschaft. Wenn ein möglicher Präsident gewählt wird, gehen wir zu oft mit leeren Händen nach Hause. Jetzt haben wir einen unmöglichen Präsidenten gewählt, und eines steht fest: Wir gehen nie wieder nach Hause. Wir bleiben zusammen. Und wir übernehmen das Ruder.

Wir sind das Volk. Das Volk hat die Macht und wird sie nutzen.

Gloria Steinem

Beatrice Fihn
Generalsekretärin der ICAN
(seit 2014)

Als Beatrice Fihn, die Direktorin der Internationalen Kampagne zur Abschaffung von Atomwaffen ICAN, den Anruf des Nobelpreiskomitees erhielt und man ihr mitteilte, dass ihre Organisation den Friedensnobelpreis 2017 erhalten würde, hielt sie das zunächst für einen Scherz. Die ICAN hatte zu dem Zeitpunkt bereits zehn Jahre lang das erste weltweite Abkommen zur Abschaffung von Atomwaffen ausgearbeitet. 2017 wurde der Vertragsentwurf schließlich offiziell von den Vereinten Nationen angenommen – doch die ICAN sammelt weiterhin Unterschriften: 50 Staaten müssen den Vertrag ratifizieren, damit er in Kraft treten kann. Die neun Atommächte blieben den Verhandlungen fern. In einem traditionell von Männern dominierten Politikfeld hat sich die 1982 geborene Schwedin Beatrice Fihn mit ihrer klaren, kompromisslosen Sprache Gehör verschafft und wurde zur Galionsfigur der Initiative. »Unsere Bewegung setzt sich für den Weg der Vernunft ein. Für Demokratie. Für ein Leben ohne Angst«, so Fihn. »Der Vertrag über das Verbot von Atomwaffen weist uns den Weg in die Zukunft, in einer Zeit, die geprägt ist von enormen globalen Krisen«, sagte Fihn in ihrer Rede anlässlich der Verleihung des Nobelpreises. »Wir alle leben doch in einem Lügengebäude. Diese Waffen dienen nicht unserer Sicherheit; sie verpesten das Land und unser Wasser, sie vergiften unsere Körper und bedrohen unser Recht auf Leben.« Sie forderte die Staaten mit festgeschriebenen Nuklearprogrammen zur Abrüstung auf und bezeichnete die Entscheidung für oder gegen die Unterzeichnung des Vertrag der ICAN als »eine Wahl zwischen zwei Szenarien: Entweder schaffen wir die Atomwaffen ab oder uns selbst.« Und weiter: »Es ist nicht naiv, an die erste Option zu glauben. Es ist nicht irrational zu meinen, dass Atommächte abrüsten können. Es ist nicht idealistisch, an ein Leben jenseits der Angst vor Vernichtung zu glauben – es ist die pure Notwendigkeit.«

Rede anlässlich der Verleihung des Friedensnobelpreises (2017)

»An zahllosen Orten auf der ganzen Welt lagern 15 000 Waffen mit dem Potenzial, die Menschheit zu vernichten: in unterirdischen Raketensilos, in U-Booten, die durch die Weltmeere kreuzen, und in Flugzeugen, die über unsere Köpfe hinwegfliegen.

Vielleicht liegt es an diesen gigantischen Ausmaßen, vielleicht auch an den unvorstellbaren Konsequenzen, dass so viele diese grauenhafte Realität einfach als gegeben hinnehmen, dass sie ihrem Tagesgeschäft nachgehen, ohne sich über die Instrumente des Irrsinns Gedanken zu machen, die sich überall um uns herum befinden.

Denn es ist Irrsinn, dass wir uns von diesen Waffen beherrschen lassen. Kritiker unserer Bewegung behaupten, wir seien der irrationale Part, wir seien Idealisten, die den Tatsachen nicht ins Auge blicken. Niemals würden die Atommächte auf ihre Waffen verzichten, sagen sie. Dabei stehen wir für die einzig vernünftige Lösung. Wir stehen für alle, die sich weigern, Atomwaffen als festen Bestandteil unserer Welt hinzunehmen, die sich weigern, ihr Schicksal einem lockeren Finger auf einem roten Knopf zu überlassen.

Was uns vorschwebt, ist die einzig mögliche Realität. Denn die Alternative ist undenkbar. Die Atomwaffenära wird zu Ende gehen – und wie dieses Ende aussieht, liegt allein in unserer Hand. Schaffen wir die Atomwaffen ab? Oder schaffen wir uns selbst ab?

Denn eine dritte Option gibt es nicht.

 wennnichtichwerdann.de/52

Von links nach rechts: Alicia Garza, Opal Tometi, Michelle Obama, Angela Davis

Alicia Garza
Aktivistin und Autorin

Alicia Garza arbeitete als Sozialarbeiterin in Kalifornien, als sie 2013 aus den Nachrichten erfuhr, dass der des Mordes am afroamerikanischen Teenager Trayvon Martin angeklagte George Zimmerman freigesprochen worden war. Garza verlieh ihrem Schmerz in einem Facebook-Post Ausdruck – »A Love Letter to Black People«: »Black people. I love you. I love us. Our lives matter«, schrieb sie. Garzas Freundin und Kollegin Patrisse Khan-Cullors fügte ihrer Aussage einen Hashtag hinzu, und die Bewegung #BlackLivesMatter (Schwarze Leben zählen) war geboren. Seither haben Aktivisten vor Ort unzählige Gruppen gegründet und an Protestaktionen teilgenommen, um gegen Übergriffe der Polizei und systematische Gewalt gegen Afroamerikaner zu demonstrieren.

Als Anhängerin flacher Hierachien ist Alicia Garza meist im Hintergrund tätig. Dennoch sehen viele sie als Anführerin einer Bewegung, die eine große Wirkung auf die Rassenbeziehungen in Amerika und anderen Ländern hat. Ihre Rede, die sie 2017 vor den Absolvent*innen der San Francisco State University hielt, widmete sie der langen Reihe starker schwarzer Frauen vor ihr. Wären diese Frauen nicht so unbeirrt und zäh gewesen, stünde sie jetzt nicht hier, erklärte sie. Indem sie sich selbst als homosexuell outete, hat Garza auch Raum für andere Stimmen geschaffen, die sich jenseits des Mainstreams bewegen. In der Frage am Ende ihrer Rede schwingen nicht nur die Ansichten der frühen Sklavereigegnerin und Frauenrechtlerin Sojourner Truth mit; sie ist gleichzeitig auch Anklage und Aufruf zum Handeln: »Für wen hält sie sich eigentlich, diese schwarze Frau?«

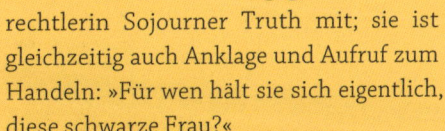

Dies ist eine Ode an unser Potenzial und unsere Möglichkeiten.

Alicia Garza

Ode an schwarze Frauen (2017)

» Dies ist eine Ode an schwarze Frauen – denn schwarze Frauen sind einfach großartig. Dies ist eine Ode an all die schwarzen Frauen, die sich nicht haben beirren lassen, und an all die schwarzen Frauen, die einander beistanden auf ihrem Weg.

Wem sollte ich diese Ode widmen, wenn nicht einer schwarzen Frau aus dem Mittleren Westen, die genau dasselbe konnte wie ein Mann, nur besser.

Wem sollte ich sie widmen, wenn nicht ebenjener schwarzen Frau, die mit mir schwanger wurde und nicht wusste, wie sie das alles hinbekommen sollte, und es dennoch hinbekam.

(…) denn ohne sie würde ich jetzt nicht hier stehen.

Wem sollte ich sie widmen, wenn nicht den schwarzen Frauen, denn ohne sie hätte es keine Underground Railroad gegeben, niemanden, der dagegen gekämpft hätte, dass man schwarze Menschen wie seltsame Früchte von den Bäumen hängen ließ, es gäbe keine Protestsongs, wie jene, die von den Zehen durch den Schoß hinauf in ihre Lungen stiegen und dann aus dem genialen Geist und dem Mund Nina Simones in die Welt hinausdrangen.

(…) Wem sollte ich sie widmen, wenn nicht schwarzen Frauen – denn ohne sie gäbe es kein Amerika.

(…) Wem sollte ich sie widmen, wenn nicht schwarzen Frauen wie Dr. Dorothy Tsuruta und Dr. Dawn Elissa Fisher und Lynette Schwartz und Patrisse Cullors und Ada Bogan Trawick und Myrtle Buckhaulter und June Jordan und Barbara Smith und Lateefah Simon und Harriet Tubman und Malaika Parker und Angela Davis und Ericka Huggins und Linda Burnham und Diane Nash und Ella Baker und Brittney Cooper und Sojourner Truth und Ida B. Wells und Audre Lorde und Nina Simone und Mya Hall und Penny Proud und Patricia Hill Collins und Jessie Powell und Betty Higgins und Joanne Abernathy und Emma Harris und Espanola Jackson und Islan Nettles und Assata Shakur und Renisha McBride und Janetta Johnson und Kimberle Crenshaw und Janet Mock und Miss Major Griffin Gracy und dream hampton und Michelle Obama und Mae Etta Buckhaulter und Korryn Gaines und so vielen anderen, deren Namen ich niemals kennen werde, um sie hier aufzählen zu können, aber deren Geist durch meine Adern fließt … denn ohne sie gäbe es kein Ich, kein Du, kein Wir, keine zivilisierte Gesellschaft, von der so viel die Rede ist.

Wir alle, du und ich – wir verdanken ALLES den schwarzen Frauen.

Danke dafür welchem und so vielen Göttern du willst.

Für ihre Zähigkeit.
Ihre Entschlossenheit.
Ihren Wagemut.
Ihre Beharrlichkeit.
Ihr Engagement.
Ihre Stärke.
Ihre Präsenz.
Ihre Willenskraft.

Und dafür, dass sie uns alle ermutigten, ohne Bedenken und ohne Bedauern und ohne, dass wir jede Einzelne beim Namen nennen müssten (weil wir nämlich alle wissen, dass wir weitermachen werden, dass wir uns nicht mehr aufhalten lassen), und das tun wir für jede Einzelne von uns.

Dies ist eine Ode an unser Potenzial und unsere Möglichkeiten …

 wennnichtichwerdann.de/53

Maya Lin
Bildhauerin und Architektin

Als die amerikanische Bildhauerin und Architektin Maya Lin vor den Absolvent*innen des Jahrgangs 2018 an der New Yorker School of Visual Arts sprach, erinnerte sie sich an ihre eigene Abschlussfeier. Damals war sie in Gedanken woanders gewesen – denn sie hatte gerade den Wettbewerb gewonnen, das Vietnam Veterans Memorial in Washington, D. C., entwerfen zu dürfen. Das gewagte und minimalistische Denkmal wurde 1982 fertiggestellt, als Lin Anfang 20 war. Es gilt als eines der bedeutendsten Denkmäler unserer Zeit und hat mehr als fünf Millionen Besucher*innen im Jahr.

Der Erfolg der Gedenkstätte war nicht selbstverständlich. Es war von Anfang an ein Schock. Ihre Kritiker*innen bezweifelten, dass jemandem so Jungem – kaum aus der Schule und noch dazu eine Frau – ein so prestigeträchtiger Auftrag gelingen würde. Dazu kam, dass jede*r bei ihrem Entwurf mitreden wollte, nicht zuletzt männliche Mentoren mit langjähriger Erfahrung. Doch Lin, die seitdem eine international erfolgreiche Künstlerin und Designerin ist, blieb ihrer Vision treu (»Jung zu sein verleiht uns ein Gefühl der Unbesiegbarkeit«). In ihrer Rede beschreibt sie ihre Ängste und Sorgen bezüglich eines Lebens als Künstlerin und des »singulären« kreativen Prozesses. Sie rät den Absolvent*innen, Selbstzweifel zu überwinden und ihrer Intuition zu vertrauen. Sie sagt ihnen, »(...) Ihr solltet keine Angst davor haben, jemanden vor den Kopf zu stoßen, alles infrage zu stellen, euch neu zu erfinden und die Welt neu zu denken«.

Glaubt daran, dass eure eine Stimme etwas verändern kann.

———

Maya Lin

Rede bei der SVA-Abschlussfeier (2018)

» Ich glaube, jedem kommt eine Rolle und eine Verantwortung zu, die Welt besser zu machen. Die Alternative ist, dazu beizutragen, dass die Welt schlechter wird, oder dabei tatenlos zuzusehen.

Ich glaube, dass die Art, wie ihr eure Gegenwart betrachtet, wie ihr auf sie reagiert und sie zu gestalten versucht, viel mit eurer Entwicklung als Künstler zu tun hat. Die Kunst kann sowohl eine Wegbereiter als auch ein Spiegel der Zeit sein, in der wir leben. Künstler können Dinge sehen, die anderen entgehen.

Wir können die Welt in einem neuen Licht erscheinen lassen und andere eine neue Wahrheit, eine neue Zukunft sehen lassen. Wir können helfen, eine andere Welt zu ersinnen und zu erschaffen. Habt keine Angst, euch einzumischen, habt keine Angst, euch zu kümmern. Glaubt daran, dass eure eine Stimme etwas verändern kann. Mögt ihr nie diese Leidenschaft, diesen Schwung, diese Poesie verlieren.

Ständig ringe ich mit neuen Werken, versuche ich, neue Ideen zu finden und ihnen eine Form zu geben. Es ist für uns alle derselbe Kampf. Und ihr seid nicht allein (...)

Und jetzt, da ihr heute euer Studium abschließt, werdet ihr Teil einer größeren Gemeinschaft von Künstlern. Eine, die in die Vergangenheit blickt, die einen Dialog schafft, ein Gespräch mit euren Mitmenschen, durch alle Zeiten hindurch.

Ich betrachte es als ein kollektives kreatives Bewusstsein. Durch die Kunst wissen wir, wie Menschen vor 1 000 Jahren ihre Welt sahen. Und durch unsere Kunst werden Menschen in 1 000 Jahren uns sehen. Ich finde es unglaublich, dass die Worte William Shakespeares, die er vor 400 Jahren schrieb, uns noch immer zum Weinen oder zum Lachen bringen können. Oder dass mich Picassos *Guernica* in sprachlose Ehrfurcht versetzte. Oder dass Ai Weiweis Dokumentarfilm *Human Flow* einen spüren lässt, wie verbunden wir alle miteinander sind und wie viel Leid Menschen überall auf der Welt ertragen.

Wie wird man eure Werke in 100 Jahren betrachten und empfinden? Oder in 1 000 Jahren? Ich bitte euch heute, euch an diesem Gespräch zu beteiligen und eure Stimme in diesem wundersamen kreativen Kontinuum zu finden. Und ich frage euch: Was wollt ihr sagen?

Mehr inspirierende Frauen

Das Schwierigste beim Zusammenstellen einer Anthologie wie dieser? Sich zu entscheiden, welche Reden ins Buch kommen und welche man weglässt. Die Geschichte ist voll inspirierender Frauen, die für ihre Überzeugungen eintraten – von Kaiserinnen und Königinnen, die in einer patriarchalischen Gesellschaft ihr Recht zu regieren verteidigten, bis hin zu bahnbrechenden Wissenschaftlerinnen und Erfinderinnen, die von der etablierten Wissenschaft übersehen wurden. Auch heute machen immer wieder mutige Frauen auf sich aufmerksam und zeigen deutlich, welchen Einfluss unsere Stimmen ausüben können – wie die 18-jährige Emma González, die nach der Schießerei im Februar 2018 an der Stoneman Douglas High School in Florida leidenschaftlich für schärfere Waffengesetze plädierte.

Die meisten Reden in diesem Buch stammen aus der Zeit nach den 1830er-Jahren. In diesem Jahrzehnt fanden Frauenrechtlerinnen in der westlichen Welt erstmals den Weg auf öffentliche Bühnen – wo sie bis dahin keine nennenswerte Rolle gespielt hatten. Vor dieser Phase findet man kaum zuverlässige Aufzeichnungen öffentlicher Reden von Frauen. Es gibt viele Philosophinnen, Schriftstellerinnen und Aktivistinnen, von denen wir wissen, dass sie in der Öffentlichkeit aufgetreten sind, aber was sie genau gesagt haben, ging im Lauf der Zeit verloren. Auch wenn sie deshalb nicht in dieser Sammlung vertreten sind, gehören sie doch in die eindrucksvolle Ahnengalerie eloquenter Frauen, die uns noch heute inspirieren können.

Die Reden in *Wenn nicht ich, wer dann?* sollen Inspiration und Kraft schenken. Und ich hoffe, dass Sie durch sie Lust auf mehr bekommen. Schlagen Sie einige der folgenden Frauen nach: Lesen Sie ihre Geschichten, hören Sie ihre Reden auf YouTube, folgen Sie ihnen auf Twitter, und lassen Sie sich von der Energie dieser leidenschaftlichen Rednerinnen anstecken.

Sappho, griechische Dichterin, ca. 610–570 v. Chr.
Die griechische Dichterin Sappho war für ihre Lyrik berühmt, obwohl sie fast nur in Fragmenten erhalten ist. Über ihr Leben ist wenig bekannt. Aber ihr umfangreiches Werk, in dem sie weibliches Leben, Denken und Leidenschaft feiert, wird seit der Antike bewundert – so wie sie selbst. Unsere moderne Verwendung des Begriffs »lesbisch« für erotische Beziehungen unter Frauen spielt auf Sappho an (die auf der griechischen Insel Lesbos lebte). Philolog*innen sind sich (weitgehend) einig, dass sich ihre Lyrik homoerotisch interpretieren lässt.

Hortensia, römische Ikone, 1. Jh. v. Chr.
Sie ist vor allem für ihre Rede auf dem Forum Romanum bekannt, in der sie sich gegen Pläne

zur Wehr setzte, den Besitz 1 400 wohlhabender Frauen zu besteuern. Die Steuer sollte den Krieg gegen die Mörder von Julius Caesar finanzieren. Hortensia sprach sich gegen eine Abgabe aus – vor allem, weil jene sie bezahlen sollten, die mit der Auseinandersetzung nichts zu tun hatten.

Boudicca, Königin der Icener, um 60 n. Chr.
Nach dem Tod ihres Mannes annektierten die Römer das Reich der Icener. Als Königin des keltischen Stammes führte sie einen Aufstand gegen die Besatzer an. Dabei wurden die Orte, wo sich heute Colchester, St. Albans und London befinden, dem Erdboden gleichgemacht.

Hypatia, Mathematikerin und Astronomin, ca. 355–415
Hypatia war eine führende Mathematikerin, Astronomin und Philosophin. Sie lebte zu einer besonders turbulenten Phase in Alexandrias Geschichte. Es ist überliefert, dass die Philosophievorträge dieser populären Gelehrten ein großes Publikum anzogen.

Eleonore von Aquitanien, Königin von Frankreich und England, ca. 1122–1204
Die vielleicht einflussreichste Frau des europäischen Mittelalters war eine bedeutende Kunstmäzenin und mischte sich aktiv in die Regierungsgeschäfte ein. Eleonores 15-jährige Ehe mit Ludwig VII. wurde 1152 annulliert. Zwei Monate später heiratete sie Heinrich von Anjou. Dieser wurde 1154 als Henry II. König von England. Eleonore war maßgeblich daran beteiligt, das Reich ihres Mannes zu verwalten, und pendelte dazu zwischen England und Frankreich. 1173 stellte sie sich bei einem Putsch gegen Henry und auf die Seite zweier ihrer Söhne. Man sperrte sie für ihre Beteiligung beim gescheiterten Aufstand ein. Als sein Vater 1189 starb, ordnete Richard I. die Freilassung seiner Mutter an. Erneut wurde sie zu einer politischen Schlüsselfigur und übernahm 1190 als Regentin die Regierungsgeschäfte, während Richard einen Kreuzzug anführte.

Jeanne d'Arc, französische Nationalheldin, ca. 1412–1431
Das französische Bauernmädchen bewies beachtlichen Mut, als sie den Thronfolger Charles (später Charles VII.) davon überzeugte, ihr im Hundertjährigen Krieg gegen England die Führung seiner Truppen anzuvertrauen. Jeanne glaubte, sie werde von Gott geleitet, und errang wichtige Siege für die Franzosen, insbesondere in der Schlacht von Patay, und sicherte Charles die Krönung. 1430 wurde sie gefangen genommen, der Ketzerei angeklagt und hingerichtet.

Olympe de Gouges, Autorin und Sozialreformerin, 1748–1793

Die als Autorin wie als Sozialreformerin ausgesprochen aktive Olympe de Gouges kämpfte für Anliegen wie Scheidung, Entbindungskliniken und die Rechte unverheirateter Mütter. 1791 veröffentlichte sie das Pamphlet »Erklärung der Rechte der Frau und Bürgerin«. In der Französischen Revolution unterstützte sie die Girondisten und wurde nach deren Sturz 1793 hingerichtet.

Mary Wollstonecraft, Autorin und Feministin, 1759–1797

Mary Wollstonecraft gilt heute als Vorreiterin der Frauenrechtsbewegung. Ihr wichtigstes Werk war *Verteidigung der Rechte der Frau* von 1792. Darin forderte sie eine umfassende Reform des Bildungssystems, das Frauen auf ein selbstständiges Leben vorbereiten sollte.

Qiu Jin, feministische Dichterin und Revolutionärin, 1875–1907

In den letzten instabilen Jahren der Qing-Dynastie stand Qiu Jin an der Spitze einer neuen feministischen Bewegung, die Frauenrechte und politische Revolution verknüpfte. Den Klassen- und Geschlechternormen ihrer Zeit zum Trotz band Qiu Jin ihre Füße nicht, trug Männerkleidung und verließ Mann und Kinder, um in Japan zu studieren. Sie gründete die *Chinesische Frauenzeitschrift*, schrieb und sprach ausführlich über Themen wie das Füßebinden und arrangierte Ehen. Die 1907 von Qing-Soldaten exekutierte Qiu Jin gilt in China heute als revolutionäre Märtyrerin.

Sarojini Naidu, politische Aktivistin, Feministin und Dichterin, 1879–1949

Inspiriert von Mahatma Gandhis gewaltlosem Widerstand, wurde Naidu zu einer Schlüsselfigur der indischen Unabhängigkeitsbewegung. 1925 war sie die erste Frau und Inderin, die Präsidentin des Indischen Nationalkongresses wurde.

Emma González

Maya Angelou

Nach der Unabhängigkeit war sie von 1947 bis zu ihrem Tod die erste Gouverneurin eines Bundesstaats (des heutigen Uttar Pradesh). Heute wird Naidus Geburtstag in Indien als Tag der Frau gefeiert.

Dolores Ibárruri, spanische Politikerin, 1895–1989

Die als *La Pasionaria* bekannte Ibárruri war Mitglied der Kommunistischen Partei Spaniens. Sie nahm kein Blatt vor den Mund und landete wegen ihrer politischen Aktivitäten mehrfach im Gefängnis. In einer berühmten Rede gab sie die Parole »¡No parasán!« – »Sie werden nicht durchkommen!« – aus. Nach Francos Sieg verließ sie Spanien und blieb von Russland aus als Generalsekretärin des Zentralkomitees der Kommunistischen Partei Spaniens aktiv. Erst 1977 kehrte sie in ihr Heimatland zurück.

Rachel Carson, Biologin, 1907–1964

Carson schrieb ausgiebig über Meeresbiologie und Umweltverschmutzung. Ihr Buch *Der stumme Frühling* wurde ein internationaler Bestseller und trug maßgeblich dazu bei, dass sich das Bewusstsein für Umweltfragen schärfte. Carsons Pionierarbeit führte zur Gründung der amerikanischen Umweltbehörde Environmental Protection Agency. Posthum erhielt sie die Presidential Medal of Freedom, die höchste Auszeichnung der USA für zivile Personen.

Simone de Beauvoir, Autorin und Philosophin, 1908–1986

De Beauvoir, die zum intellektuellen Zirkel der Existenzialisten gehörte, schrieb 1949 *Das andere Geschlecht*. Das als feministisches Standardwerk geltende Buch versuchte, die Frage zu beantworten: »Was ist das: eine Frau?«.

Maya Angelou, Dichterin, Autorin und Schauspielerin, 1928–2014

Maya Angelou war eine höchst erfolgreiche Autorin. Für ihre erste Autobiografie *Ich weiß, warum der gefangene Vogel singt* (1969) wurde sie für den National Book Award nominiert. Sie war eine der

Simone de Beauvoir

Qiu Jin

ersten Afroamerikanerinnen, die ein Drehbuch schrieb, das verfilmt wurde (Georgia, Georgia). Bei Bill Clintons Amtseinführung rezitierte sie ihr Gedicht »On the Pulse of Morning«, und 2010 verlieh Barack Obama der allseits respektierten und beliebten Angelou die Presidential Medal of Freedom.

Betty Friedan, Autorin und Feministin, 1921–2006
Friedan ist vor allem für *Der Weiblichkeitswahn* berühmt, eines der einflussreichsten Werke der feministischen Literatur. Nachdem sie Interviews mit vielen Hausfrauen geführt hatte, stellte Friedan infrage, dass die Frau in der gesellschaftlich vorgegebenen Rolle als Ehefrau und Mutter wirkliche Erfüllung findet. Sie war Mitbegründerin der National Organization for Women, die sich dafür einsetzt, das Leben von Frauen in vielen Bereichen zu verbessern.

Billie Jean King, Tennisspielerin, geb. 1943
1973 besiegte die ehemalige Nummer eins der Tennisweltrangliste Billie Jean King in einem als »Kampf der Geschlechter« berühmt gewordenen Match die ehemalige Nummer eins der Männer, Bobby Riggs. Nach einer Karriere mit 39 Grand-Slam-Titeln wurde King eine vehemente Verfechterin von sozialer Gerechtigkeit und Gleichberechtigung.

Benazir Bhutto, Premierministerin von Pakistan, 1953–2007
Das erste weibliche Staatsoberhaupt eines muslimischen Landes war zwei Amtszeiten lang pakistanische Premierministerin. In politisch unruhigen Zeiten stand Bhutto mehrfach unter Hausarrest und lebte jahrelang im Exil. Während ihrer Regierung war sie Korruptionsvorwürfen ausgesetzt. 1995 legte Bhutto bei der Frauenkonferenz der Vereinten Nationen dar, wie die grundlegenden Lehren des Islams die Rechte von Frauen schützen und bewahren.

Marie Colvin, Journalistin, 1956–2012
Marie Colvin war Korrespondentin für Kriegs- und Außenpolitik. Sie setzte wiederholt ihr Leben aufs Spiel, um ins Zentrum bewaffneter Konflikte vorzustoßen und über die Folgen des Krieges für die Zivilbevölkerung zu berichten. Colvin verlor während ihrer Arbeit ein Auge, später ihr Leben. Bei einer Andacht für in Krisengebieten getötete Reporter*innen und ihre Mitarbeiter*innen sprach Colvin in bewegenden Worten darüber, was Journalist*innen motiviert, über Konflikte zu berichten – selbst wenn sie sich dafür in Gefahr begeben müssen.

Chimamanda Ngozi Adichie, Autorin, geb. 1977
Nachdem sie bereits mit den von ihren nigerianischen Wurzeln beeinflussten Romanen wie *Die Hälfte der Sonne* (2006) und *Americanah* (2013) großen Erfolg hatte, wurde Adichie nicht zuletzt mit ihrem TED-Talk »Wir sollten alle Feministinnen sein« berühmt, aus dem sie später ein Essay machte. Dieser zweite TED-Talk der Autorin fand weltweite Aufmerksamkeit, auch durch T-Shirts des Modelabels Dior mit dem Slogan »We Should All Be Feminists« und durch Samples ihrer Zitate, die Beyoncé 2013 in ihrem Song »***Flawless« verarbeitete.

Emma González, geb. 1999
2018 schockierte das Massaker an der Stoneman Douglas High School in Parkland, Florida, die Welt. Nach der Tragödie sprachen sich überlebende Schüler*innen vehement für schärfere Waffengesetze in den USA aus. Die 18-jährige González wurde als Mitbegründerin der Gruppe Never Again MSD und entschiedene Verfechterin einer Reglementierung des Waffenbesitzes zu einem Aushängeschild der Bewegung. Beim March for Our Lives, den sie mitorganisiert hatte, erinnerte González in bewegenden Worten an die Mitschüler*innen, die ihr Leben verloren hatten.

Lesen Sie alles!

Auch wenn man Frauen in Anthologien zu »Reden, die die Welt veränderten« bis auf ein paar seltene Ausnahmen auslässt, ist die Geschichte der Frauen, die Pionierarbeit leisteten, ein fruchtbares Forschungsfeld: ob es nun die Frauenrechtsbewegung betrifft oder inspirierende Frauen auf den Gebieten der Politik, Bürgerrechte, Wissenschaft und Technik, Kunst, Sport und viele mehr. Hier sind nur ein paar der faszinierenden Quellen, die mich beim Schreiben dieses Buches beflügelt haben. Sie können Startpunkte für Ihre feministische Lektüreliste sein, die Ihnen vielleicht neue Blickwinkel eröffnet:

Ein eigenes Zimmer, Virginia Woolf.
(Übersetzt von Heidi Zerning. Fischer Taschenbibliothek, 2019)

Die Verteidigung der Frauenrechte, Mary Wollstonecraft.
(Erschienen in der Reihe *Philosophinnen*, Bd. 21, ein-fach-verlag)

Dead Feminists: Historic Heroines in Living Color, Chandler O'Leary und Jessica Spring.
(Englische Originalausgabe erschienen bei Sasquatch Books)

Lean In: Frauen und der Wille zum Erfolg, Sheryl Sandberg. (Econ Verlag)

Wenn Männer mir die Welt erklären, Rebecca Solnit.
(Aus dem amerikanischen Englisch von Kathrin Razum. Hoffmann und Campe, 2015)

Modern Women: 52 Pioneers, Kira Cochrane.
(Englische Originalausgabe erschienen bei Frances Lincoln)

Der Mythos Schönheit, Naomi Wolf. (rororo, 1993)

The Feminist Promise: 1792 to the Present, Christine Stansell.
(Englische Originalausgabe erschienen bei Modern Library)

Der Weiblichkeitswahn oder Die Selbstbefreiung der Frau, Betty Friedan.
(Rowohlt Repertoire, 2016)

Das andere Geschlecht, Simone de Beauvoir. (rororo, 2000)

Mehr Feminismus!, Chimamanda Ngozi Adichie. (Fischer, 2016)

Frauen und Macht: Ein Manifest, Mary Beard. (S. Fischer, 2018)

Quellenangaben

Elizabeth I.
Mit Genehmigung der British Library, Signatur: Harley 6798, f.87.

Fanny Wright
Wright, Frances, *Course of Popular Lectures; with Three Addresses on Various Public Occasions, and A Reply to the Charges Against the French Reformers of 1789.* New York: Office of the Free Enquirer, 1829, Seiten 41–62.

Maria Stewart
Stewart, Maria W. Miller, *Meditations From the Pen of Mrs. Maria W. Stewart: (widow of the Late James W. Stewart) Now Matron of the Freedmen's Hospital, and Presented In 1832 to the First African Baptist Church and Society of Boston.* Mass., Washington: Enterprise Publishing Company, 1879.

Angelina Grimké
Webb, Samuel, *History of Pennsylvania Hall, which was Destroyed by a Mob, on the 17th of May, 1838.* Philadelphia: Merrihew and Ounn, 1838.

Sojourner Truth
Anti-Slavery Bugle. [Band] (New-Lisbon, Ohio) 21. Juni 1851. *Chronicling America: Historic American Newspapers.* Lib. of Congress.

Woodhull, Victoria
Lucy Stone, and National American Woman Suffrage Association Collection. »›And the truth shall make you free‹: a speech on the principles of social freedom, delivered in Steinway Hall«, New York: Woodhull, Claflin & Co, 1871. PDF abgerufen von der Library of Congress, <www.loc.gov/item/09008216/>.

Sarah Winnemucca
Sally Zanjani Papers, 2013–14. Special Collections, University Libraries, University of Nevada, Reno.

Elizabeth Cady Stanton
Library of Congress, Rare Book and Special Collections Division, National American Woman Suffrage Association Collection.

Mary Church Terrell
Ursprünglich veröffentlicht in *The Independent*, 24. Januar 1907. Nachdruck aus *American Speeches: Political Oratory from Abraham Lincoln to Bill Clinton*, The Library of America, 2006, Seiten 204–212.

Ida B. Wells
Proceedings of the National Negro Conference, 1909, New York, May 31 and June 1, New York, 1909, Seiten 174–179.

Gräfin Markiewicz
»Women, Ideals and the Nation: A Lecture Delivered to the Students« National Literary Society, Dublin, by Constance de Markievicz, Dublin: Inghinidhe na h-Eireann, 1909. Text der Digital Library@Villanova University. Namensnennung – Weitergabe unter gleichen Bedingungen 3.0 nicht portierte Lizenz (CC BY-SA 3.0).

Marie Curie
© The Nobel Foundation 1911.

Emmeline Pankhurst
Pankhurst, Emmeline, »Verbatim report of Mrs. Pankhurst's speech; delivered Nov. 13, 1913 at Parsons' Theatre, Hartford, Conn.«, Connecticut Woman Suffrage Association, 1913.

Nellie McClung
Royal BC Museum and Archives, MS-0010, Box 20, File 3.

Jutta Bojsen-Møller
Ursprünglich veröffentlicht in *Silkeborg Avis. Midt-Jyllands Folketidende* (1872–1974), 7. Juni 1915. Erhältlich bei Mediestream. Übersetzt ins Englische von Tim Davies für Quarto Publishing Plc.

Emma Goldman
Zu geschichtlichem Zusammenhang und Bedeutung, einschließlich der Rede an die Geschworenen, siehe *Emma Goldman: Democracy Disarmed 1917–1919* (Stanford University Press, 2019), vierter Band der Reihe *Emma Goldman: A Documentary History of the American Years 1890–1919*. Siehe auch www.lib.berkeley.edu/goldman/pdfs/Speeches-AddresstotheJury.pdf, www.lib.berkeley.edu/goldman und www.archive.org/details/emmagoldmanpapers mit freundlicher Genehmigung der Emma Goldman Papers, University of California, Berkeley.

Nancy Astor
University of Reading, Special Collections, Nancy Astor Papers. Enthält Informationen des Parlaments unter der Nutzungslizenz Open Parliament Licence v3.0.

Margaret Sanger
Alexander Sanger, Vertreter des Nachlasses von Margaret Sanger.

Virginia Woolf
Auszug aus »Professions for Women« aus *The Death Of The Moth And Other Essays* von Virginia Woolf. Copyright © 1942 Houghton Mifflin Harcourt Publishing Company; Copyright © erneuert durch Majorie T. Parsons, Testamentsvollstreckerin. Nachdruck mit Genehmigung von Houghton Mifflin Harcourt Publishing Company. Alle Rechte vorbehalten. Zusätzliche Erlaubnis durch den Autorenverband The Society of Authors als künstlerischer Verwalter des Nachlasses von Virginia Woolf.

Huda Sha'arawi
Opening the Gate: An Anthology of Arab Feminist Writing, Hrsg. Margot Badran und Miriam Cooke, Copyright © 1990, 2004 Bloomington: Indiana UP. Nachdruck mit Genehmigung der Indiana University Press.

Funmilayo Ransome-Kuti
© Funmilayo Ransome-Kuti. Nachdruck mit Genehmigung ihres Nachlasses.

Eva Perón
Ins Englische übersetzt von Mitchell Abidor für marxists.org. Creative Commons (Namensnennung und Weitergabe unter gleichen Bedingungen) marxists.org 2014.

Helen Keller
Copyright © American Foundation for the Blind, Helen Keller Archive. Alle Rechte vorbehalten.

Eleanor Roosevelt
© Eleanor Roosevelt. Nachdruck mit Genehmigung ihres Nachlasses.

Shirley Chisholm
Atlanta Lesbian Feminist Alliance Archives, David M. Rubenstein Rare Book & Manuscript Library, Duke University.

Ruth Bader Ginsburg
Frontiero v. Richardson, 411 U. S. 677 (1973). Auszüge aus dem Transkript der mündlichen Ausführungen durch Oyez, das kostenlose Multimedia-Archiv zur Arbeit des Obersten Gerichtshofs der Vereinigten Staaten von Amerika von Justia und dem Legal Information Institute der Cornell Law School.

Sylvia Rivera
Nachdruck mit Genehmigung der Stonewall Veterans' Association. Transkript der Rede von Miria V. Eisenherz (toa4461@gmail.com).

Simone Veil
Annales de l'Assemblée nationale – débats parlementaires, 1974. Übersetzt ins Englische von Paul Carslake für Quarto Publishing Plc.

Indira Gandhi
Wie veröffentlicht in: Gandhi, Indira, *Selected Speeches and Writings of Indira Gandhi, 1980–December 1981,* New Delhi: Publications Division, Ministry of Information and Broadcasting, Govt. of India, 1985, Seiten 417–418.

Margaret Thatcher
© Nachlass von Lady Thatcher. Nachdruck mit Genehmigung durch den Text auf www.margaretthatcher.org.

Ursula K. Le Guin
Nachdruck mit Genehmigung von Curtis Brown, Ltd.

Barbara McClintock
© The Nobel Foundation 1983.

Corazon C. Aquino
Wie veröffentlicht auf officialgazette.gov.ph, dem Amtsblatt der Republik der Philippinen.

Naomi Wolf
Nachdruck mit Genehmigung von Naomi Wolf.

Severn Cullis-Suzuki
Nachdruck mit Genehmigung von Severn Cullis-Suzuki.

Wilma Mankiller
© Wilma Mankiller. Nachdruck mit Genehmigung der Mankiller Foundation.

Toni Morrison
© The Nobel Foundation 1993.